# 다문화 사회에서 외국인 주민은
# 어디에서 사나?

# 다문화 사회에서 외국인 주민은 어디에서 사나?

최용선 · 이진만 · 김준모

도서출판 대영문화사

이 저서는 2010년도 정부의 재원(교육부 인문사회연구역량강화사업비)으로 한국연구재단의 지원을 받아 연구되었음 (NRF-2010-330-B00251).

# 머리말

2000년대를 전후로 외국인이 급속하게 증가하면서 우리나라는 이전에 경험하지 못한 인구 구성의 변화를 겪고 있다. 그로 인하여 우리나라도 머지않아 미국, 호주, 또는 유럽의 여러 나라처럼 여러 인종이 섞여서 살아가는 다인종 국가로 변모할 것이라는 예측까지 나오고 있다. 이러한 외국인의 증가는 사회 여러 부문에서 해결하여야 할 새로운 문제들을 만들어 냈고, 이에 정부는 외국인 정책, 다문화 정책, 다문화 가족 정책, 사회 통합 정책 등 여러 용어로 표현되는 외국인 관련 정책들을 만들어 추진하고 있다. 지방자치단체에서도 외국인 증가에 대응하여 각종 행사를 비롯한 관련 사업을 추진하고 있다. 이제 대부분의 지방자치단체가 외국인에 관한 사업이나 정책을 마련하고 있는 실정이다.

그러나 다소 부산스럽게까지 느껴지는 정부의 정책적 대응에도 불구하고, 그러한 정책들의 근거가 되는 기초 조사 자료나 연구 결과에서 때로는 놀라울 정도로 부족한 부분들이 발견된다. 이를 두고 당면한 현실 문제에 대하여 정부가 다급하게 대응하면서 불가피하게 나타난 공백이라고 볼 수도 있지만 정부의 대응이 다소 졸속하게 이루어졌다는 인상을 지우기 힘든 면도 있다. 이러한 점에서 향후의 정책들이 수정·보완될 수 있도록 부족한 기초 조사 자료와 연구 결과가 더 늦기 전에 마련되어야 한다. 이 책은 이런 문제 의식에서 출발하였다.

이 연구는 외국인에 관한 기초적 연구에 해당되는 외국인 거주 분포에 관심을 가지고, 기존 연구들을 통하여 채워지지 못한 부분을 담당하고자 하였다. 특히 외국인의 유형별 차이에 초점을 두었다. 외국인은 우선적으로 국적별로 구분되지만 체류 유형별로 구분될 수 있고, 그러한 구분이 정책적 효용성 측면에서 더 의미있는 것이 사실이다. 외국인은 체류 유형에 따라 대개 단순 기능 인력, 전문 인력, 결혼 이민자, 유학생 등의 유형으로 분류된다. 각 유형별 외국인은 서로 다른 특성을 가지고 있어 그들이 우리 사회에 미치는 영향은 사뭇 다르게 나타난다. 그리고 각 유형에 대한 정부의 입장은 분명한 차이를 보인다. 전문 인력과 결혼 이민자에 대해서는 우호적인 입장에서 적극적으로 수용하려고 하지만, 단순 기능 인력에 대해서는 통제와 관리의 입장에서 최대한 우리 사회에 정착하는 것을 막으려 한다. 이러한 점들을 고려하였을 때, 외국인의 유형별 거주 분포에 대하여 비교 분석하는 연구를 수행할 필요가 있다고 보았다.

제2장에서는 국제 이주와 거주지 분포에 관한 이론에 대하여 개괄적으로 살펴보았다. 제3장에서는 우리나라 외국인의 거주 형성과 정부의 정책적 대응에 대하여 간략하게 살펴본 후 기술 통계를 중심으로 외국인 주민의 분포를 분석하여 외국인의 전반적인 거주 분포 특성에 대하여 살펴보았다. 제4장에서는 전체 외국인 주민과 외국인 주민의 유형별로 구분하여 각각의 거주 분포에 영향을 미치는 요인들을 회귀분석을 통하여 분석하였다.

이 연구는 대체로 여러 기존 연구에서 별도로 다루어졌던 체류 유형별 분포를 종합적으로 살펴보았다. 또 기존 연구에서 간과되었던 국적취득 외국인을 외국인 주민으로 통합하여 분석을 실시함으로써 분석 결과의 정책적 효용성을 높였다는 점에서 나름의 연구 성과가 있다고 생각된다. 아무쪼록 이 연구 결과가 향후 외국인 정책의 수정·보완에 기여하기를 희망한다.

2013년 5월
저자 일동

# 차 례

# 제1장

# 서 론

## 제1절 연구의 배경 및 목적

우리나라 국민은 가까운 인근에서 거주하는 외국인을 대하는 경우가 이제 낯설지 않고 자연스러워졌다. 돌이켜보면, 불과 10년 전만 해도 외국인은 그 수가 적었을 뿐만 아니라 일정한 거주지를 가진 외국인은 드물었다. 2012년 말 현재 우리나라에서 외국인은 140만 명을 넘어섰고,[1] 그 중 90일 이상 체류하는 등록 외국인은 93만여 명에 이르렀으며, 여기에 더하여 한국 국적을 취득한 외국인은 12만 명을 넘었다. 전체 인구에서 그들이 차지하는 비중은 2%를 돌파하였다. 1990년

1) 이 수치는 불법 체류자를 포함한 것이다. 2012년 말 기준 합법 체류자는 127만여 명이고, 불법 체류자는 18만 명 정도이다.

대 말만 하더라도 외국인은 38만여 명에 불과하였고,[2] 등록 외국인도 17만 명 수준이었던 것에 비하면 지난 2000년대를 지나면서 외국인이 급속도로 증가하였다는 것을 짐작할 수 있다.

이러한 외국인의 증가로 인하여 우리나라도 '다문화 사회'로 진입하고 있다는 평가가 나타나고 있고, '다문화'라는 주제는 사회의 각 분야에서 많은 관심을 받고 있다. 특히 대한민국이 현재 직면하고 있는 낮은 출산율과 고령화 문제를 해결할 수 있는 대안이 될 수 있다는 긍정적인 측면으로 인하여 '다문화 사회'는 더욱 부각되고 있다. 그러나 최근 유럽 여러 국가에서 일어나는 내국인과 이민자 사이의 갈등 문제에서도 알 수 있듯이,[3] '다문화 사회'는 말처럼 쉽지 않다. 프랑스, 영국, 독일 등 유럽 내 주요 국가들은 수십 년 전부터 이민자들의 유입을 경험하면서 그들에 대한 사회 통합 정책을 시행해 왔지만, 2010년 이후 그 국가들은 '다문화주의 실패'를 공식적으로 인정하는 발표들을 내놓고 있다.[4] 그럼에도 우리나라는 과거의 급속한 경제 성장 신화에 기대어 '다문화 사회'를 다소 쉽게 여기는 것으로 보인다. 우리나라에서도 최근 외국인 증가와 함께 관련 문제들이 여기저기에서 발생하고 있는 것을 통하여 확인할 수 있듯이 외국인의 증가는 긍정적인 결과

2) 이 수치 또한 불법 체류자가 포함된 것이다.

3) 대표적인 예로, 2011년 7월 22일 브레비크라는 노르웨이 남성은 다문화주의 반대를 주장하며 노르웨이 오슬로 정부청사에 폭탄 테러를 가하여 7명을 숨지게 하고, 이어서 1시간 뒤 청소년 캠프가 열리는 우퇴위아(Utøya) 섬으로 가서 청소년들에게 무차별 총기 난사를 가하여 86명을 죽게 하였다.

4) 앙겔라 메르켈 독일 총리가 지난해 말 "함께 어울려 공존하자는 접근법이 완전히 실패하였다"고 선언한 데 이어 니콜라 사르코지 프랑스 대통령과 데이비드 캐머런 영국 총리도 이민 정책의 실패를 공식 인정하였다(한국경제, 2011. 12. 16. 기사).

외에 심각한 부정적인 결과도 동반할 가능성이 매우 높다.

2000년대 들어 외국인이 급격히 증가하면서 우리나라 정부에서도 본격적으로 외국인 관련 정책을 수립하여 추진하고 있다. 특히 노무현 정부는 이전의 외국 인력에 대한 관리와 통제에서 벗어나 외국인의 처우 개선 및 인권 옹호에 중점을 둔 사회 통합 정책으로 전환하였고, 외국인에 대한 체계적이고 종합적인 접근을 시도하면서 외국인 정책[5] 추진 체계를 마련하였다(김원숙, 2010: 17; 박진경, 2010). 그 결과물이 2007년에 제정된 「재한외국인처우기본법」이고, 이어서 수립된 '제1차 외국인정책 기본계획'이다. 곧이어 2008년에는 「다문화가족지원법」이 제정되었다. 이러한 법률과 기본계획에 따라 정부 각 부처와 지방자치단체는 일명 다문화 정책이라고 일컬어지는 다양한 외국인 관련 정책과 사업을 마련하여 추진하였다.

외국인 정책은 중앙정부가 주도하고 있지만, 지방자치단체도 지역사회의 일부가 된 외국인에게 필요한 정책들을 마련해야만 하는 상황이다. 지방자치단체에서는 2006년부터 다문화가족지원센터가 설치되기 시작하여 전국적으로 확산되는 추세에 있다. 그리고 2012년 현재 전국 150개 이상 기초자치단체가 다문화가족지원조례와 외국인주민지원조례를 수립하는 등 지방자치단체에서 외국인 정책에 대한 관심이 고조되었다.

---

5) 외국인 정책은 "대한민국에 이주하고자 하는 외국인에 대하여 일시적·영구적 사회 구성원 자격을 부여하거나, 국내에서 살아가는 데 필요한 제반 환경의 조성에 관한 사항을 정치·경제·사회·문화 등 종합적 관점에서 다루는 정책"이다(김원숙, 2010).

그러나 중앙정부와 지방자치단체의 외국인 정책이 어느 정도 소기의 성과를 내고 있는지 아직까지는 두고보아야 한다. 또 외국인 정책, 다문화 정책, 다문화 등 기본적인 용어에 대한 통일적인 개념 정의도 부족할 뿐만 아니라 실제 정책과 사업에서는 비효율적인 운영이 이루어지는 등 성공에 대한 기대보다는 우려를 자아내는 현상들이 나타나기도 하고 있다(박진경, 2010; 유의정 외, 2010; 최웅선 외, 2012). 유럽 주요국의 '다문화주의 실패' 선언에서 알 수 있듯이 외국인 정책은 다루기 매우 어려운 문제이다. 그만큼 외국인 정책은 용의주도하고 정교한 접근이 필요하다. 이를 위해서는 우선적으로 외국인에 관한 객관적이고 체계적인 자료가 구축되어야 하고, 경험적이고 심도 있는 연구를 통하여 필요한 정보와 지식이 갖추어져야 한다.

국내의 외국인에 관한 연구는 1990년대 이후 외국인이 점차 증가하면서 본격적으로 시작되었고, 최근에 들어서는 학계의 많은 관심을 받고 있다. 그 연구들은 초기에는 사회학, 인류학, 정치학 등과 같은 분야에서 시작되다가 최근에는 행정학·정책학·교육학·사회복지학 등 문제 해결에 초점이 맞추어진 학분 분야에서 활발하게 진행되고 있다.[6] 연구 대상도 초기에는 전체 외국인 또는 외국인 노동자로 한정되어 있다가 최근 결혼 이민자, 유학생 등으로 세분화하거나 국적별 혹은 거주 지역별로 나누어 각 집단에 대한 심도 있는 연구가 진행되고 있다.

6) 김혜순(2009)에 의하면, '다문화 정책'과 관련 논문 내용을 분석한 결과 절대 다수가 행정학, 정책학 분야에 집중되었다.

외국인 증가와 함께 관련 문제들이 증가하면서 정부 정책에 대한 필요성으로 행정학과 정책학 분야의 연구도 많아졌는데, 최근에는 지방자치단체의 외국인 정책이나 다문화 정책에 초점을 맞춘 연구들도 수행되었다(조석주, 2007; 한승준, 2009; 박기관, 2011; 박세훈, 2011; 유영철, 2011; 조석주, 2011; 장석준, 2011). 지방자치단체가 외국인과 관련된 문제를 직접적으로 처리하여야 하거나 필요한 정책을 추진하여야 하기 때문이다.[7]

이러한 연구들을 통하여 그동안 외국인 및 외국인 정책에 관한 지식과 정보가 상당히 축적되었다. 그럼에도 아직까지 기초적인 면에서 더 많은 연구가 필요한 부분이 존재한다. 그러한 부분 중 하나로 외국인의 분포, 즉 거주지 문제가 있다. 외국인의 거주 분포는 외국인 정책의 대상과 범위를 설정하는 데 기초적인 부분이라고 할 수 있다. 정부 내에서도 그러한 필요성을 인식하고 관련 부서를 중심으로 외국인 관련 자료들이 과거에 비하여 체계적으로 정리되고 있다. 법무부 출입국·외국인정책본부는 외국인 관련 업무의 중추조직으로서 오래전부터 외국인 관련 자료를 구축해 왔고, 최근에는 행정안전부에서도 외국인 관련 자료를 정리하고 있다. 행정안전부는 2006년부터 외국인 주민의 생활 안정, 지역사회 정착 등 지원 정책 수립의 기초 자료로 활용하기 위하여 외국인 주민을 유형별, 국적별, 지역별로 나누어 통계 자료를 조사해 오고 있다. 행정안전부의 외국인 주민 통계는 외국인 주

7) 우리나라에서는 외국인 정책을 중앙정부가 주도적으로 추진하고 있지만, 지방자치단체가 맡아야 하는 부분이 존재한다.

민을 크게 한국 국적을 가지지 않은 자와 가지고 있는 자로 구분하고, 가지지 않은 자에는 외국인 근로자, 결혼 이민자 등을, 한국 국적을 가지고 있는 자에는 혼인 귀화자와 기타 사유 귀화자로 나누어 조사되고 있다.[8)]

지금까지 여러 연구자에 의하여 외국인 거주지 분포와 관련된 연구들(박세훈 외, 2009 · 2010; 신인철, 2007; 손승호, 2008; 박윤환, 2010; 임석희 · 송주연, 2010; 이진영, 2011; 류주현, 2012 등)이 수행되어, 외국인의 거주지 분포에 관한 다양한 연구 결과가 제시되었고, 여러 정책적 시사점이 제시되었다. 선행 연구들 중에서 박세훈 외(2009, 2010)는 사례 지역을 선택하여 심도 있는 분석을 실시하였고, 이를 바탕으로 향후 도시의 외국인 정책 추진 방안을 제시하였다. 이와 달리, 박윤환(2010), 이진영(2011) 등은 통계적 분석 방법을 사용하여 좀 더 객관적인 정보를 제공하였다. 특히 이진영(2011)은 수도권 지역을 대상으로 외국인 거주지 분포의 영향 요인을 국적별로 구분하여 분석을 실시하였다.

이러한 선행 연구들의 깊이 있고 다양한 분석에 의한 기여에도 불구하고 미진한 부분이 있는 것이 사실이다. 우선 대부분의 연구가 수도권만을 대상으로 하여 우리나라 전체로 일반화시키는 데에는 한계점이 있다. 또한 외국인에게 중요한 체류 유형에 의한 차이점이 다루어지지 못하였다. 정책적 실용성을 고려하면 거주지에 대한 연구는 외

8) 행정안전부는 외국인이 국내에 동화되도록 유도하는 차원에서 주로 결혼 이민자, 또 그 가정 그리고 귀화자에 초점이 맞추어져 있다.

국인의 유형과 인종 등으로 세분화되어 수행되어야 한다.

우리나라에서 장기적으로 체류하거나 거주하는 외국인을 등록 외국인이라고 하는데, 이들의 체류 자격은 매우 다양하다. 다양한 체류 자격은 체류 목적에 따라 단순 기능 인력, 결혼 이민자, 전문 인력, 유학생 등으로 유형화할 수 있다. 이러한 체류 유형이 중요한 이유는 우선 유형별로 매우 다른 특성을 가지고 있어 우리 사회에 미치는 영향도 다르고, 다음으로 각 유형에 대한 정부의 입장과 정책이 다르기 때문이다. 정부는 일반적으로 결혼 이민자를 우리 사회의 일원으로 바라보고 적극적으로 포용하려는 입장을 취한다. 그들이 사회에 잘 적응할 수 있도록 온정주의적이고 시혜적인 차원에서 각종 지원 정책을 마련하고 있다. 추진 중인 외국인 정책 중 상당 부분이 결혼 이민자와 그들의 가정에 대한 부분으로 채워져 있다. 전문 인력에 대하여 정부는 국가 경제에 도움이 된다는 점에서 각종 우대 정책을 통하여 적극적으로 유치하려 하고 있다. 이에 반하여, 단순 기능 인력에 대해서는 국내 노동자들이 기피하는 저임금 단순 노동을 대신하는 대체 인력으로만 인식하고 통제와 관리의 입장에서 최대한 우리 사회에 정착하는 것을 방지하려 한다.

이처럼 외국인이 유형별로 어디에, 어떻게 분포하느냐는 우리 사회에 많은 영향을 미칠 수 있다는 점과 정책적 실용성 측면에서 매우 중요한 문제이다. 따라서 외국인의 거주 분포가 각 유형별로 어떠한지, 차이가 있는지, 차이가 있다면 그 이유는 무엇인지 등에 대한 구체적인 연구가 이루어져야 할 것이다. 이러한 배경에서 이 연구는 우선 외국인 거주지 분포에 대하여 살펴보고, 다음으로 외국인을 유형별로 구분하여 각각의 거주지 분포에 어떠한 요인들이 영향을 미치는지를 분석하였다.

보통 거주지 결정은 개인의 사회경제적인 특성과 지역 특성 등이 영향을 미치므로 사회집단에 대한 기초 연구로서 거주지 결정에 관한 연구는 지속적인 관심 속에서 다양한 연구가 수행되어야 한다. 이 연구는 지속적으로 늘어나고 있는 외국인 주민들에 대한 정책적 지원 또는 외국인 주민의 증가로 인하여 발생하는 각종 문제에 대한 효과적인 대응 방안을 모색하는 데 유용한 정보를 제공할 수 있으리라 사료된다.

## 제2절 연구의 범위 및 내용

이 연구의 공간적 범위는 전국을 대상으로 하였고, 기본 분석 단위(unit of analysis)는 기초자치단체로 하였다. 우리나라의 외국인은 절대 수에서는 수도권에 밀집되어 있으나 인구 수를 감안할 경우 지방에서도 상당히 높은 비중을 보이는 지역이 존재한다. 그런만큼 수도권 이외의 지방자치단체에서도 외국인 정책에 많은 관심을 가지고 있다. 지방자치단체에도 정책적 시사점을 제시하기 위하여 전국을 대상으로 한 연구가 필요하다.

연구의 대상은 국내 외국인 중 일정한 거주 공간을 형성할 것으로 판단되는 외국인으로 한정하여 등록 외국인과 귀화자, 즉 한국 국적을 취득한 자로 하였다. 이들을 여기에서는 외국인 주민이라고 지칭하였다. 귀화자 중에서는 결혼 이민을 통하여 국적을 취득한 혼인 귀화자에게 좀 더 초점을 두었다. 등록 외국인은 국내에서 90일 이상 체류하기 때문에 일정한 거소를 둘 가능성이 더 높은 대상이다. 그리고 귀화자는 법적으로 내국인이지만, 우리나라의 사회적 인식에서는 외국인이라는 점에서 연구의 대상에 포함하였다. 특히 혼인 귀화자는 우리나라의 사회 통합 정책의 주요 대상으로서 외국인 정책에 대한 시사점을 도출하는 연구에서는 함께 다루어져야 한다. 실제로 행정안전부가 외국인 주민의 생활 안정, 지역사회 정착 등 지원 정책을 수립하기 위하여 매년 작성하는 외국인 주민 현황에는 90일 이상 체류하는 등록 외국인 외에 국적 취득자와 외국인 주민의 자녀를 포함하고 있다. 그러나 이 연구에서 외국인 주민의 자녀는 포함시키지 않았다.

시간적 범위는 우리나라에서 거주 외국인이 본격적으로 증가하기 시작한 1990년대부터 살펴보기 위하여 1995년부터 최근 2011년까지로 하였다. 이러한 17년이라는 기간 설정은 1990년대와 최근의 현황을 비교할 수 있도록 한다. 다만, 혼인 귀화자에 대한 자료는 2007년 이전 자료를 획득하는 것이 용이하지 않아 2007년 이후 기간만 사용하였다. 그리고 영향 요인 분석에서는 전체 자료의 시점을 통일하기 위하여 전체 자료를 수집할 수 있는 최근 시점인 2010년으로 하였다.

이 연구의 목적은 외국인의 체류 유형별로 거주지 분포에 미치는 영향을 규명하는 것이다. 이를 위하여 외국인의 거주지 분포에 영향을 미칠 것으로 예상되는 독립변수를 도출하여야 한다. 이를 위하여 우선적으로 국제 이주 및 거주지 분포와 관련된 이론을 검토하고, 외국인 거주지 및 일반적인 거주지 분포에 관련된 선행 연구들을 검토하였다. 그리고 우리나라에서 외국인이 어떤 경로로 거주하게 되었는지를 알아보기 위하여 외국인 거주 역사에 대하여 간략하게 살펴보았다. 이 역사적 검토는 이론적 검토와 함께, 외국인 거주지에 대한 영향 요인 분석에서 필요한 독립변수들을 도출하는 데 사용될 수 있는 근거로 활용되었다. 다음으로 우리나라의 외국인의 현황 및 분포에 대하여 여러 차원에서 살펴보았다. 광역자치단체 및 기초자치단체에 따라 어떻게 분포하고 있는지에 대하여 시계열적으로 또 횡단면적으로 검토하였다. 또한 체류 유형별·국적별로 구분하여 외국인의 거주지 분포를 세부적으로 살펴보았다. 그리고 등록 외국인과 국적 취득자를 체류 유형별로 구분하고, 각 유형별로 거주지 분포에 영향을 미치는 요인을 회귀분석을 통하여 분석하였다.

## 제3절 연구 방법

이 연구에서는 주로 문헌 검토와 통계 분석 방법을 주요한 연구 방법으로 사용하였다. 이론적 논의와 우리나라 외국인 거주지 형성 과정에 대한 부분은 문헌 검토 방법을 사용하였다. 외국인 주민의 거주지 분포 현황과 영향 요인 분석에서는 통계 분석 방법을 사용하였다. 분포 현황 분석에는 기술 통계 방법을 주로 사용하였고, 영향 요인 분석에서는 횡단면 자료를 이용한 회귀분석을 주요한 방법으로 사용하였다. 회귀분석은 변수 사이의 관계를 규명하기 위한 다변량 분석 기법 중 하나이다. 관측된 자료를 이용하여 어떤 변수가 다른 변수에 어떤 영향을 미치는지를 분석하기 위하여 사용할 수 있다. 회귀분석과 함께 기술 통계, 상관분석 등을 보조 연구 방법으로 사용하였다. 분석에는 SPSS 17.0 통계 프로그램을 활용하였다.

제 2 장

# 국제 이주 및 거주지 분포에 관한 이론과 선행 연구

이 장에서는 외국인의 거주지 분포에 영향을 미치는 요인에 대한 분석의 기반이 되는 이론과 관련 선행 연구들을 검토하였다. 이론은 국제 이주에 관한 이론과 거주지 분포에 관한 이론으로 구분하여 살펴보았다.

## 제1절 국제 이주 및 거주지 분포에 관한 이론

### 1. 국제 이주에 관한 이론

사람들의 국가 간 이주는 국가가 형성된 시기에서부터 지속적으로 일어났다. 국제 이주는 단순히 사람의 이동을 의미하는 것을 넘어, 사회 변화의 원동력이 되기도 하고 새로운 문화를 창조하기도 하는 등 그 영향력은 매우 크다. 그로 인하여 국제 이주는 연구자들의 많은 관심을 받아왔고, 학문 분야별로 다양한 이론이 제시되었다. 대표적으로 신고전경제학의 거시이론과 미시이론, 신이주경제학, 상대적 과잉인구론, 노동시장분절이론, 세계체제이론, 이주체계론, 사회자본론, 누적원인론 등이 있다.

국제 이주는 발생, 후속 이주 촉발, 안정적인 영속성, 그리고 이주자들의 현지 사회 정착 및 적응 등 여러 과정으로 구분될 수 있다. 이주를 설명하는 이론들을 전체적으로 보면, 초기의 이론은 이주의 발생에 집중되다가, 이후 각 과정을 설명하는 이론들이 등장하기 시작하였다. 또 다양한 국면의 이주 현상을 포괄적으로 설명하려는 이론모형이 제시되기도 하였다. 국제 이주의 전체 과정은 어떤 단일한 조건에 의하여 영향을 받기보다는 개인과 가구의 조건뿐만 아니라 사회집단과 국가적 조건에 의해서도 영향을 받기 때문에 어떤 단일 차원에 의하여 설명될 수 없다는 문제 의식이 제기되었기 때문이다(석현호, 2000: 20).

여기에서 이주 현상에 대하여 설명하는 모든 이론이나 이론모형을 살펴보지는 않을 것이다. 이 연구의 목적에 맞추어, 대표적으로 언급되는 이론을 국제 이주의 발생에 관한 이론과 이주민의 공동체 형성 및 정착에 관한 이론으로 나누어 살펴본다.

### 1) 국제 이주의 발생 원인에 관한 이론

매시 외(Massey et al., 1993, 1994, 1999)는 이전까지 제시된 다양

한 국제 이주에 관한 이론들을 이주의 발생(initiation)과 영속화(perpetuation) 이론으로 구분하여 각 이론의 경험적 연구들과 관련지어 소개하고 평가하였다. 발생론으로 신고전경제학의 거시이론과 미시이론, 신이주경제학, 노동시장분절이론, 세계체제이론이 포함되었고, 영속화론으로는 사회적 자본론과 누적원인론이 포함되었다. 매시(Douglas S. Massey) 등이 검토 대상으로 채택한 이 이론들은 이주의 원인을 규명하는 데 초점이 맞추어진 것들이었다(석현호, 2000).

매시 외(Massey et al., 1993)는 신고전경제학적 접근에 기초한 이주이론을 거시이론과 미시이론으로 구분하였다. 그러나 이 이론들은 분석 수준과 단위에 차이가 있을 뿐 경제적인 관점에서 이주의 원인을 찾는다. 구체적으로 살펴보면, 먼저 신고전경제학의 거시이론은 인구 이동이 지역 간 노동력 수요와 공급의 차이로 인하여 발생한다고 본다(Lewis, 1954; Harris & Todaro, 1970; Todaro, 1970). 이 이론에 의하면, 자본이 부족하고 노동력이 풍부한 저개발 국가로부터 자본은 풍부하고 노동력이 부족한 선진 산업국으로 인구 이동이 일어난다. 이러한 노동력의 이동이 장기적으로 지속되면 국가 간 노동력 수급과 임금을 평준화시켜 궁극적으로 저개발국과 선진 산업국 사이의 경제적 균형 상태가 이루어진다고 본다(Borjas, 1989). 이 균형 상태에 초점을 두어 거시이론은 '균형이론'이라고도 일컬어진다.

신고전경제학의 미시이론은 인적자본론에 의하여 대표된다. 이 이론은 거시이론과 동일한 관점에서 접근하지만, 분석 단위와 분석 수준을 개인에 둔다는 차이점이 있다. 인적자본론에서는 이주를 인적 자본

투자의 한 형태로 개념화한다. 사람들은 자신의 인적 자본(교육, 경험, 훈련, 언어 능력 등)을 투자하여 고용이 가능하고 비용-편익(cost-benefit)의 계산에 의하여 가장 큰 순이익이 기대되는 지역으로 이주한다고 가정한다.

이상의 신고전경제학적 접근 이론들은 분석 단위와 수단은 다르지만, 기본적으로 개인의 합리적 선택에 의한 이주 결정을 국제 이주에 적용한다. 즉, 신고전경제학적 접근이론은 개인은 자신의 효용(utility)을 극대화하고, 복리를 최대화하기 위한 이주국을 탐색한다고 본다(김용찬, 2006). 그러나 국제 이주는 개인적 단위 외에 집단이나 가구 단위로 발생할 수도 있다는 점에서 이 이론들은 한계점이 있다.

이러한 한계점으로 인하여 등장한 신이주경제학(new economics of migration)은 가구의 소득을 다원화하기 위한 수단으로서 국제 이주가 일어난다고 주장한다. 이 이론은 신고전경제학 접근과 달리 저개발국의 송출은 개인이 아니라 관련된 사람들의 단위, 전형적으로 가구 단위로 결정된다고 본다. 사람들은 가구의 기대 소득을 최대화하기 위해서뿐만 아니라 자국 내 시장에서의 위험 요소를 최소화하고 불안정을 완화하기 위하여 이주를 결정한다.

신고전경제학 이론과 신이주경제학 이론은 이주에 관한 '일반이론'이라고 할 수 있는 라벤슈타인(Ernest George Ravenstein)의 배출-흡인(push-pull) 이론으로 묶일 수 있다(박세훈 외, 2009: 39; OECD, 2009). 이 이론은 이주의 원인이 기본적으로 유출국의 배출 요인(push factors)과 유입국의 흡인 요인(pull factors)의 조합에 의하여 결정된다고 본다. 배출 요인은 과잉 인구, 경제적 기회의 부족(높은 실업률), 낮은 생활 수준(저임금 · 기근), 정치적 · 종교적 억압 등이 되고, 흡입 요인은 노동 수요, 유휴 토지, 경제적 기회, 정치적 · 종교적 자유가 된다.

신고전적 경제학 이론 및 신이주경제학 이론은 개인이든 가구 및 집단이든 행위자의 합리적 선택에 따라 이주가 일어난다고 본다. 이주에 관한 이러한 관점과 달리, 노동시장 분절이론(segmented labor market theory)과 세계체제이론(world-system theory) 등과 같은 구조론적 관점은 경제적 · 역사적 · 정치적 맥락이 하나의 구조화된 체계를 이루면서 이주가 일어난다고 주장한다(전형권, 2012).

노동시장 분절이론은 선진 자본국의 노동시장이 자본 집약적인 1차 부문과 노동 집약적인 2차 부문으로 분절된다는 전제에서 출발한다. 자본가는 2차 부문에서 이윤극대화를 위하여 저임금 노동자를 활용하여야 하는데 국내의 노동력 공급이 부족할 경우 그 공백을 주변국으로부터의 이민자로 채우게 된다는 것이다. 즉, 선진 자본주의 국가에서의 주변적 노동력에 대한 수요가 주변 저개발국의 노동자를 이주하게 만든다고 본다(설동훈, 2001: 44). 이에 반하여, 세계체제이론은 16세기 자본주의 세계 경제 성립 이후 발전 · 확대되어 온 세계 시장의 구조가 국가 간 노동력 이주를 발생시키는 원동력이라고 파악한다(Portes & Walton, 1981; Castles & Kosack, 1985; Castles & Miller, 1993). 즉, 자본주의 세계 경제의 성립은 중심부 국가와 주변부 국가의 구조를 형성하였고, 중심부 국가의 더 많은 부와 이윤 축적을 위하여 주변부 국가의 노동력이 동원된다는 것이다. 실례로 과거에는 식민지

관계에 있는 국가 사이에서, 그리고 현대에 들어서는 다국적 기업에 의하여 일어나는 국제 이주를 들 수 있다. 점차 다국적 기업이 증가하고 그 활동도 활발해지면서, 기업 활동 관련 전문직뿐만 아니라 연구·기술 관련 전문직의 국제 이주가 늘어나고 있다. 월러슈타인(Immanuel Wallerstein)에 의하면, 세계 체제로서의 자본주의 경제는 자본가의 이윤을 극대화하기 위하여 작동하고 있는데, 그 자본주의 경제는 정치와 밀착되어 있다. 그 이유는 정부가 국가 내의 사회적 생산 관계를 지배하는 여러 규칙을 제정, 수정할 수 있는 법적 권리를 가지고 있기 때문이다(전형권, 2012).

전형권(2012)은 이러한 구조적 관점을 결혼 이주에 적용하여 유출 요인으로 빈곤, 인구 과밀, 성차별 등을, 유입 요인으로 노동시장, 인구 감소, 가사 노동(결혼) 인력에 대한 수요라고 보았다. 그리고 우리나라에서 가족의 재생산을 위하여 정부가 정책적으로 다문화 관리 정책을 펴는 것은 세계체제이론에서 말하는 자본주의 경제와 정치가 맞물려 있는 것을 단적으로 보여주는 예라고 하였다.

매시 외(Massey et al., 1993)가 언급하였듯이, 이상의 이론에서 살펴본 이주의 발생 원인들로 인하여 일정한 이주의 흐름이 형성되면 후속 이주의 사회적 조건은 상당히 달라질 수 있다. 매시 외는 이러한 후속 이주를 설명하는 이론을 영속화 이론으로 분류하였는데, 대표적으로 사회적 자본론이 있다.

사회적 자본론은 네트워크 관점에서 출발한다. 이주자가 사회적 연결망 또는 조직의 발전 및 사회 제도의 참여가 자원 획득에 중요한 요소가 된다는 가정에서 출발한다(전형권, 2008). 어느 국가든 이주자가 일정 수를 넘어서면 이주자들 사이의 연결망, 즉 선행 이주자, 이주자, 송출국과 유입국의 비이주자를 연결하는 친족, 친구, 동향인 등의 대인 관계가 형성된다. 또, 이주 흐름을 활용하여 영리를 꾀하는 사조직과 이주자를 도와주고 보호해 주는 인도주의적 비정부기구들이 발전한다(석현호, 2000). 영리조직으로는 이주에 제한이 많은 국가로의 이주를 희망하는 사람들에게 일정한 정보나 도움을 주고 영리를 취하는 이민 알선업체를 말한다. 인도주의적 비정부조직은 이주자들의 인권을 보호하고 필요한 상담, 사회 서비스, 보호처 등을 제공하는 사회단체를 말한다. 이러한 연결망이 형성되고 관련 조직이 발전하면 이주자의 이동 비용과 위험은 낮아지고 기대순이익은 증가하여 이주 가능성이 높아진다. 그로 인하여 후속 이주가 이어지면서 연쇄 이주 현상이 나타난다. 그리고 연쇄 이주의 근거가 되는 이주 연결망과 비정부조직은 정부의 통제 범위 밖에 있기 때문에 이주는 영속화 단계에 접어든다.

### 2) 이주자의 공동체 형성 및 정착에 관한 이론

앞의 이론들은 국제 이주가 왜, 어떻게 일어나는지에 대하여 설명하는 데 초점이 맞추어졌다. 그럼에도 그 이론들 중 사회적 자본론은 이주자의 정착에 대해서도 설명할 수 있다. 파이스트(Faist, 2000)는 사회자본론을 바탕으로 초국가적 사회공간론을 주장하였다. 초국가적 사회공간론은 이주민들이 어떻게 새로운 나라에서 공동체를 형성하고 유지하며, 또 정착하게 되는지를 설명하는 이론이다.

파이스트(Thomas Faist)는 초국가적 사회 공간을 이민자들이 새로운 국가에서 생활하면서 자본, 사람, 문화, 지식의 흐름에 기초한 새로운 문화와 정체성이 형성되는 공간이라고 하였다(박세훈 외, 2009: 44-45). 그는 사회 공간의 이러한 특성을 사회적 자본론을 통하여 설명한다. 국제 이주는 단순히 국가 간 이동으로 끝나는 것이 아니라, 이주민들은 사회적 연결망을 형성한다. 이주민들이 특정한 공간에 정착하게 되면 그들 사이의 연결망뿐만 아니라 유출국과 유입국 사이의 연결망이 형성되고, 그것이 또 다른 이주민을 끌어들인다. 그 연결망은 이주민 공동체 내에 존재하는 상호호혜성, 연대성, 동족에 대한 배려, 정보의 네트워크 등으로서 사회적 자본의 속성을 의미한다. 사회적 자본으로 인하여 한번 선택된 도시나 장소는 경로의존성을 보이는 경향이 높다. 그 예로 미국의 한인타운, 서초구의 서래마을, 구로구의 조선족 거리 등을 들 수 있다.

파이스트는 이주에서 사회적 자본이 수행하는 기능을 네 가지 차원에서 제시한다(박세훈 외, 2009: 46-47). 첫째는 선택 기능(selection function)이다. 송출국에 형성되어 있는 사회적 자본은 이주를 어렵게 만들기도 하고 이주를 용이하게 만들기도 한다. 그러한 의미에서 사회적 자본은 선택 기능을 갖는다. 둘째는 확산 기능(diffusion function)이다. 일단 수용국에서 이주와 정착에 용이한 사회적 자본이 형성되면 그것은 다시 이동 벨트(transmission belt) 역할을 한다. 사회적 자본의 존재로 급속한 연계 이주가 발생하는 것이다. 셋째는 연계 기능(bridging function)이다. 사회적 자본은 수용국의 이주민과 송출국에

남아 있는 사람들 사이에서 사회적 · 문화적 연대를 유지하게 한다. 이를 통하여 수용국과 송출국의 문화를 넘어서는 새로운 문화를 형성하는 경우가 많다. 마지막으로 사회적 자본은 적응 기능(adaptation function)을 수행한다. 사회적 자본으로 인하여 이주민은 수용국의 낯선 환경에 쉽게 적응할 수 있다.

이러한 초국가적 사회공간론은 이주자들에 내재된 사회 · 공간적 구조와 사회 네트워크의 국제적 분산을 통하여 국제 이주(Bailey, 2001)뿐만 아니라, 이주자들의 공동체 형성과 정착에 대하여 설명하는 데 용이하다.

## 2. 거주지 분포에 관한 이론

### 1) 거주지 분화 이론

사람들은 도시 내에서 어떤 사람들과도 함께 살고 있는 것 같지만, 자세히 들여다보면 그들은 소득 수준, 직업, 연령, 출생지 또는 민족성 등 다양한 특성에 따라 분화되어 있다(Marcuse, 2005). 사람들은 그러한 기준에 따라 서로 유사한 사람들과 이웃하며 살면서 집단 거주지를 형성하는 경향을 보인다. 그리고 그 기준에 동떨어진 사람이나 집단에게는 배타적인 자세를 보인다(정수열, 2008). 수많은 연구자가 도시 내에서 발생하는 이와 같은 거주지 분화가 왜, 그리고 어떻게 발생하는지에 대하여 일찍부터 많은 관심을 가지게 되었다. 거주지 분화에 대하여 지금까지 축적된 연구 결과들은 크게 생태학적(ecological)

접근, 신고전 경제학적 접근, 제도론적(institutional) 접근, 마르크스주의적(Marxist) 접근, 민족군집화(voluntary ethnic clustering) 또는 다문화(multiculturalism) 접근 등으로 정리된다.

생태학적 접근은 거주지 분화에 관한 가장 오래된 접근 방법이라고 할 수 있다. 생태학적 접근은 1910년경부터 파크(Robert E. Park)를 비롯한 미국 시카고대학교의 사회학자들이 당시에 큰 관심을 끌고 있던 인간생태학을 도시 연구에 적용하면서 등장하였다. 특히, 파크(Park, 1915)와 버제스(Burgess, 1925)의 연구는 이후 생태학적 접근의 모태가 되었다. 이 접근 방법을 연구한 학자들의 공통된 특징은 공동체를 경쟁의 원칙이 일차적인 조직 인자로 작용하는 동적 적응 체계로 파악한다는 것이다(황희연 외, 2002: 61).

파크는 생태학적 접근이 공동체 조직을 생태적 단계와 문화적 단계로 나누고, 생물적 단계의 공동체를 연구하는 데에 초점을 두어야 한다고 보았다(이봉섭, 2002: 150). 그는 도시 내에서 일어나는 생태학적 과정을 경쟁으로 파악하였는데, 경쟁은 구체적으로 격리(segregation)·침입(invasion)·계승(succession)의 형태로 나타난다고 하였다. 격리란 직업, 사회 계층, 민족 등의 동일한 특성을 가진 사람들이 모여 살거나 주거지역·상업지역·공업지역 등 기능별로 형성되는 것을 의미한다. 침입은 이러한 격리가 다른 집단에 의하여 밀려나거나 다른 기능에 의하여 변화되는 것을 말한다. 그리고 계승은 그 변화가 한동안 유지되는 것이다. 이러한 과정이 도시 내의 주거지역·공장지역·상업지역·슬럼가 등 단위 지역들의 자연 발생을 유도하고, 한편으로 각 사회집단의 거주지를 분리시킨다.

버제스(Ernest W. Burgess)는 파크가 제시한 도시의 생태학적 과정에 관한 기본 원리에 기초하여, 동심원지대이론이라는 최초의 도시 내부 구조에 관한 이론을 제시하였다(이봉섭, 2002: 151). 그의 이론에 의하면, 도시는 침입·계승·격리라는 과정을 통하여 도심부에 중심업무지대가 들어서고, 이를 중심으로 동심원을 그리면서 각 지대가 형성된다. 그 지대는 대개 다섯 가지 유형으로 구분된다. 제1지대는 중심업무지구로서 구심력이 강한 금융·상업 활동이 일어나고 도심에 집중하는 경향을 보인다. 제2지대는 중심업무지구를 둘러싸고 있는 지역으로 점이지역이라고 한다. 제1지대가 확장되면서 이곳에 살던 부유층이 이곳을 떠나고 저소득층이 거주하게 된 곳이다. 제1지대가 확장됨으로써 상업·주택·경공업 기능이 혼재된다. 그로 인하여 환경이 매우 열악하여 빈민가와 우범지대가 형성된다. 이곳은 대부분 외부에서 유입된 이주민들의 최초 정착지로서, 그들은 정착 기반을 마련하게 될 때까지 이곳에서 임시적으로 거주한다. 이들이 경제적으로 안정되면 외곽으로 이주하고 이 지역은 또 다른 이주민이 들어온다. 그 밖의 지대는 주택지구가 발달하게 된다. 제3지대는 점이 지대를 벗어난 저소득층 주택지구로서, 주로 공장 근로자의 주택지로 형성된다. 이곳은 직장을 도보로 갈 수 있는 접근성이 좋은 지역이다. 일반적으로 제2지대에 정착하였던 초기 이주민들의 다음 정착지가 된다. 제4지대는 중산층 주택지구로서 사무직·전문직 종사자들이 주로 거주한다. 제5지대는 교외지구로 고급주택지가 들어선다.

이와같이 주택지구의 공간 분화가 나타나는 데에는 소득이 큰 요인으로 작용한다고 보았다. 저소득층은 지가가 낮은 곳을 찾고 또 직주(職住) 거리를 중요시하여 도심 가까이 입지하려고 하고, 고소득층은 전원적 경관과 도시적 생활의 편리함을 동시에 얻고자 최외곽에 입지하려고 하기 때문이다.

동일하게 도시생태학적 관점을 가진 것으로 평가되는 호이트(Hoyt, 1939)는 경험적인 분석을 통하여 이러한 버제스의 주장을 비판하면서, 주거지역의 선형모형(sector model)을 제안하였다. 그는 미국의 도시들에 대한 경험적 연구를 바탕으로, 도시가 동심원을 형성하는 것이 아니라 임대료 수준에 따라 서로 다른 부채꼴 형태의 지역을 형성한다고 주장하였다. 그의 선형모형에 의하면, 이주와 그에 따른 순환 과정(filtering process)에 의하여 거주지가 확장되는데, 사회 계층이 교통로를 따라 섹터별(부채꼴 모양)로 거주지가 분화·발전하고, 고소득층의 거주지에 의하여 도시 내 거주지 패턴이 결정된다.

신고전 경제학적 접근은 버제스의 생태학적 모형에서 파생되어 등장한 이론이다. 이 접근 방법은 주거 공간의 토지임대료와 수송비 관계 간의 가격 메커니즘을 분석하여 토지의 소비 패턴을 설명하고자 한 것이다(황희연 외, 2002: 185). 이 접근 방법에 따르면, 가구나 기업이 예산 제약하에서 효용을 극대화하기 위한 공간을 차지하기 위하여 경쟁을 하게 되고, 그 과정에서 도시 공간 구조가 결정된다. 이 접근 방법에는 알론소(Alonso, 1964), 무스(Muth, 1969), 에반스(Evans, 1973) 등 여러 학자가 제시한 이론이나 모형이 있다. 그 모형들 중에서 상쇄

모형(trade-off model) 또는 교량모형이 대표적이다.

신고전 경제학 접근 방법의 여러 이론이나 모형은 공통된 몇 가지 가정을 전제하고 있다(황희연 외, 2002: 186). 첫째, 도시지역은 일정한 형태의 평지에 위치하고, 대지의 모든 요소는 거리를 제외하고 동일하다. 둘째, 중심업무지구는 지역의 중심에 위치하고 가장 쉽게 접근 가능하다. 셋째, 교통은 모든 지역에 균일한 수송 능력을 가지고, 교통 비용은 선형상 거리의 함수 관계로 표현될 수 있다. 넷째, 도시 중심부에는 경제력이 있는 사람들이 거주하고 그들은 수익과 이용시설에 대한 만족을 최대한 추구한다. 다섯째, 주택 간 경쟁은 토지나 건물에 대한 제한이 없으며 시장에서는 완전 경쟁이 이루어진다.

일반적으로 도시 중심부는 소비자들의 접근성과 통근자들의 통근 거리 등의 측면에서 도시 외곽보다는 선호도가 높다. 이는 중심 위치에 대한 경쟁이 높아지도록 하여 최대의 지대를 지불할 수 있는 가구에 배분되고, 접근성에 따라 지가가 결정된다. 그로 인하여 도시 중심부에서 거리가 멀수록 지가가 낮아지고 생활 공간에 대한 만족도는 높아지며, 대신 통근 비용이 높아지는 구조가 형성된다. 상쇄모형은 이러한 구조에서 주거지의 입지가 대지의 가치와 통근 비용 사이에서 상쇄되어 결정된다고 본다.

이러한 상쇄모형에 의하면, 결국 부유층 가구들은 통근 비용을 충분히 감당할 수 있기 때문에 더 나은 생활 공간을 위하여 교외지역으로 이주한다. 반면, 빈민층일수록 통근 비용 때문에 도심에 입지하는 형태로 거주지 분화 현상이 발생한다.

이상의 도시생태학적 접근과 신고전 경제학적 접근은 초기의 이론들로서 이후 연구의 토대가 되었지만, 주택 제약(housing constraint)을 무시한다는 비판과 개별 가구에만 초점이 맞추어져 주택시장에 개입하는 다양한 에이전트(agent)의 영향력을 간과하였다는 비판을 받았다. 이러한 비판으로 등장한 접근 방법이 관리주의적 접근 방법이다.

관리주의적 접근 방법은 주택 공급·배분의 정책 결정에 참여하는 도시관리자에 의하여 거주지 분화가 결정된다고 보았다(Pahl, 1975). 팔(Raymond E. Pahl)은 도시를 불평등을 야기하는 하나의 보상-분배 체계로 인식하였고, 이러한 불평등은 희소자원과 시설을 통제·조정·할당하는 도시관리자에 의하여 좌우된다고 보았다. 도시관리자는 정부, 주택 공급과 관련된 기관, 관료, 도시 계획과 공공 정책 입안자, 주택 중개업자, 주택조합 등이 포함되는 포괄적인 개념이다. 이러한 접근에서는 도시관리자들의 활동, 목표, 가치, 유형 등을 연구함으로써 도시 사회의 특성을 설명할 수 있게 된다.

마지막으로, 민족군집화(voluntary ethnic clustering) 또는 다문화주의(multiculturalism) 관점은 기존의 이론에서 간과된 소수집단 구성원들의 선호, 인식 및 의사 결정을 중요시한 접근 방법이다. 이 접근 방법은 기존의 이론, 특히 생태학적 접근 방법이 소수집단은 다수집단에 동화되어야 한다는 잘못된 가정이 전제되었다고 비판하면서 등장하였다(Dunn, 1998). 이 접근 방법은 동화 자체가 바람직하지 않다고 본다. 그런데 소수자 집단 거주지는 집단 성원들 간의 상호 지원, 소수집단의 제도·산업의 발전, 문화의 계승·발전, 집단정체성의 유지 및 정치적 행위의 보장 등을 위한 지역적 기반을 제공해 준다(Peach, 1996). 그로 인하여 소수집단 성원들은 설령 다른 지역으로 이동할 때조차도 같은 소수자들이 인접한 지역을 선택하려고 하고, 그 결과 소수집단의 공간 집중화 현상이 지속될 수 있다고 본다(신인철, 2007). 로건 외(Logan et al., 2002)는 실제로 이러한 관점을 경험적 연구를 통하여 증명해 보았다. 그들은 1990년대에 뉴욕과 로스앤젤레스의 아시아인과 히스패닉 이민자들이 도심에 위치한 집단거주지를 거치지 않고 곧바로 교외에 정착해서 새로운 집단거주지를 형성하는 모습을 발견하였다. 그러한 거주지는 도시생태론을 포함한 전통적인 접근법에서 주장하는 낮은 사회경제적 지위 때문에 형성된 이민자 집단거주지라기보다는 민족군집화에 의한 지역공동체라고 보아야 한다고 하였다.

### 2) 거주지 분포 영향 요인

앞에서 살펴본 바와 같이, 거주지 분화를 설명하는 이론들은 다양한 관점에서 제시되어 왔다. 거주지의 분화나 결정 등에 관한 연구들을 살펴보면, 많은 연구가 기존에 제시된 이론에 근거하여 거주지 분화를 설명하려 하거나 거주지 결정 영향 요인을 밝히려 하였다. 하지만 시간적·공간적 환경이 변화하고 또 연구 대상이 특수화되면서, 기존 이론에 근거하기보다는 다른 관점에서 현상을 설명하고 원인을 분석하려는 시도도 있다. 그러한 시도들을 통하여 새로운 접근 방법이 도출될 수 있지만, 본질적으로는 기존 이론의 설명 범위에서 크게 벗어나지는 않은 것으로 보인다.

국내에서도 기존의 이론에 근거하거나, 또는 기존의 이론에 근거하기보다는 일반론적인 측면에서 거주지 분화를 설명하고 그 원인을 파악하려는 시도들이 오래전부터 최근까지 지속적으로 이어지고 있다(주윤식, 1974; 김형준, 1977; 이정석, 1985; 최정석, 1990; 하준수, 1988; 이귀남, 1994; 염춘경, 1996; 윤인진, 1998; 최열 · 이성호, 2000; 임영진, 2001; 김창석, 2002; 최열 · 임하경, 2005; 김민회 외, 2005; 송기욱 외, 2010; 신상영, 2010; 이진영 · 남진, 2012 등). 상대적으로 초기에는 일반 거주자들을 대상으로 한 연구가 대다수였으나, 비교적 최근에는 상류 계층, 1인 가구, 외국인 등 특수한 집단을 대상으로 하는 연구들이 수행되었다.

국내의 선행 연구 중 2000년 이후의 연구에서 적용된 영향 요인이나 변수들을 정리하면 <표 2-1>과 같다.

이러한 선행 연구들에서 적용된 요인은 연구의 범위와 대상에 따라서 차이가 나타나지만, 전체적으로 몇 가지 범주로 구분할 수 있다. 즉, 거주지 결정에는 인구학적(가구 특성 · 생애 주기), 물리적(주택 특성 · 거주 밀도 · 기반 시설 접근성), 사회적(사회 계층 · 근린 의식), 경제적(소득 수준 · 지가 · 교육), 지리적(지형 · 입지 · 교통 편리성 · 직장과의 거리), 환경적(공원 · 쾌적성 · 조망권), 제도적(정부정책 · 계획 · 개발 사업), 기타 관련 특성(주변 환경 · 투자 가치 · 지역 이미지) 등의 요인이 영향을 미친다. 과거에는 물리적 · 경제적 특성이 좀 더 중요한 영향 요인으로 인식되었으나, 최근에는 사람들이 쾌적한 환경

**표 2-1** 선행 연구에서 적용된 거주지 분포 영향 요인 및 독립변수

| 연구자 | 연구 범위 | 종속변수 | 주요 요인 및 독립변수 |
|---|---|---|---|
| 최열 · 이성호 (2000) | 부산시 (16개 자치구, 군) | 생활권 선택 | 가구적 특성(주택 소유, 연령, 교육, 소득, 주거 형태), 공공시설 특성(학교, 쇼핑시설, 시장, 병원시설, 공원, 도서관 등), 근린환경 특성(소음, 도로 상태, 범죄, 쓰레기, 냄새 등) |
| 김창석 (2002) | 서울시 (25개 자치구) | 1만 명당 파워 엘리트 수 | 인구(인구, 인구밀도, 노인 인구 등), 주택(자가 가구 비율, 주택보급률, 아파트 가격 등), 고용경제(종사자 수, 고용밀도), 토지 이용(개발밀도, 지가 등), 교통(가구당 승용차 대수, 주차장 확보율), 문화복지(정보화 지수, 인구 1만 명당 의사 수), 재정 등 |
| 김민회 (2005) | 서울시 (43개 행정동) | 고급주택지 (연면적 495㎡ 이상) | 택지 면적률, 공시지가, 기반시설률(보건, 서비스, 쇼핑, 금융, 공원, 의료, 위생, 사회복지, 교육), 저명인사 비율 |
| 김민정 (2006) | 서울시 (488개 행정동) | 각 사회계층 입지 계수 | 지역적 특성(생애 주기, 주택 가격, 주택 유형 등), 도시 기반시설(근린공원, 도로, 사회복지관, 공공도서관 등) |
| 송기욱 외 (2010) | 전국 (146개 시) | 1만 명당 파워 엘리트 수 | 인구, 주택, 산업경제, 토지 이용, 교육, 기반시설, 재정 등 |
| 신상영 (2010) | 서울시 (31개 행정동) | 1인 가구 비율 | 주택 재고, 비주택 거처 재고, 주택가격, 생활 편의시설, 교통 여건, 광역적 입지 등 |
| 이민관 · 이주형 (2010) | 전국 (100개 시군) | 지역 인구 이동 | 노인인구 비율, 주택보급률, 아파트 비율, 경제활동인구 비율, 제조업 종사자 비율, 교원당 학생 수, 기반시설 수, 공무원 수, 병상 수, 지방세 부담액 등 |
| 이진영 (2011) | 수도권 (64개 시군구) | 1천 명당 외국인 수, 국적별 1천 명당 외국인 수 | 고용밀도, 사업체 수, 공시지가, 주거지역 비율, 고등교육기관 유무, 1만 명당 문화시설 수, 주한 외국공관 유무, 기존 외국인 거주지 등 |

에 대한 선호가 높아지면서 환경적 특성이 중요한 요인으로 부상하였다(송기욱 외, 2010).

이러한 거주지 결정 요인들은 거주지 안정성에도 유사한 영향을 미친다. 거주지 안정성이란 인구 이동이 없거나 이동 빈도가 낮다는 것을 의미한다. 다운스(Downs, 1981)는 주거지 안정성을 인구, 물리적 상태, 경제성, 공공 서비스, 심리라는 다섯 가지 범주로 구분하고 각 범주별로 변수들을 정리하였다. 인구에는 세대 수, 거주자, 사회경제 상태, 연령 분포, 범죄율 등이, 물리적 상태에는 구조물, 공가율, 토지 이용의 혼용성, 교통의 양과 질 등이, 경제성에는 부동산 가치, 임대료, 부동산 실거래자들의 수, 신규 건물 수, 토지세 등이, 공공 서비스에는 치안과 소방력의 질, 학교의 질, 대중교통의 질, 도로 유지 상태 등이고, 심리에는 사회경제 상태, 구조물에 대한 물리적 상태, 부동산 가치, 재산권에 대한 안전도, 학교의 질 등이 포함된다. 보통 인구 이동에 관한 연구에서 이러한 주거지 안정성의 영향 요인이 적용된다. 위의 선행 연구들 중에서는 이민관・이주형(2010)의 연구가 여기에 해당된다.

이러한 다양한 요인이 직접적으로 개인의 거주지 결정에 영향을 미치기도 하지만, 개인의 기호 변화를 통하여 주거 입지 결정에 간접적으로 영향을 미치기도 한다(송기욱 외, 2010).

## 제2절 선행 연구와의 차별성

우리나라에서 외국인 거주지 분포에 관한 연구는 최근 들어 다각도로 진행되고 있다. 대표적으로 정연주(2001), 강민조(2003), 신인철(2007), 손승호(2008), 박세훈 외(2009), 박윤환(2010), 임석회 · 송주연(2010), 김경민(2012), 류주현(2012), 이진영(2011) 등의 연구가 수행되었다. 이 연구들은 다양한 관점과 분석 기법을 통하여 의미있는 분석 결과를 도출하였고 분석에 근거한 정책적 시사점을 제시하였다. 각 연구의 목적, 분석 대상, 분석 방법, 연구 내용은 <표 2-2>에 정리되어 있다.

선행 연구들의 상당수는 정량적인 분석 방법으로 외국인의 거주지 분포를 분석하였는데, 몇몇 연구에서는 정성적인 분석 방법을 추가하여 좀 더 깊이 있는 분석을 시도하였다. 정성적인 분석 방법을 사용한 연구는 특정 사례 지역에 대한 면밀한 분석 결과를 제시하였지만, 객관적인 자료에 근거하기보다는 연구자의 주관적인 판단에 의한 분석 결과도 일부분 혼재되어 있는 것으로 보인다. 분석 방법을 막론하고 선행 연구들은 외국인 거주지 분포에 대한 새로운 정보를 제시하여 학술적으로나 정책적으로 나름의 기여를 하였다. 그럼에도 외국인의 거주지 결정에 대한 영향 요인을 분석하는 데 초점을 둔 연구는 매우 부족한 상태이다. 선행 연구 중에서는 이진영(2011)의 연구만이 거주

**표 2-2** 선행 연구 정리

| 연구자 | 연구 목적 | 연구 대상 및 시기 | 연구 방법 | 주요 연구 내용 |
|---|---|---|---|---|
| 정연주 (2001) | 외국인 주거지 특성 고찰 | 서울 · 인천 · 부천(1994~1999년) | 통계분석<br>설문조사<br>면접조사 | • 외국인 산업연수생의 시기별 공간적 분포 분석<br>• 인천 남동공단을 사례지역으로 외국인 노동자 취업의 공간적 분포 특성 고찰 |
| 강민조 (2003) | 외국인 주거지 특성 고찰 | 서울시, (2001년) | 통계분석<br>현지조사<br>면접조사 | • 외국인 거주 현황, 국적별 특화지역 및 격리지수 분석 등<br>• 거주지 경관 특성 및 입지 선정 사례 연구 |
| 신인철 (2007) | 외국인의 거주지 분리 분석 | 경기도(2007년)<br>부천(1998~2005년) | 통계분석 | • 입국 목적별 경기도 지역의 거주지 분리<br>• 부천시 국적별 외국인 거주지 분포 및 거주지 분리 분석, 지역환경과의 연관성 고찰 |
| 손승호 (2008) | 외국인 이주자 분포 변화 및 거주지 분화 현상 고찰 | 서울(1999~2006년) | 통계분석 | • 국적별 외국인 거주지 분포 변화 분석 및 상관분석을 통한 주거지 분화 고찰 |
| 박세훈 외 (2009) | 외국인 밀집지역 실태 파악 | 전국(2008년) | 통계분석<br>현지조사<br>면접조사 | • 외국인 유형별, 국적별 공간분포 분석<br>• 외국인 밀집지역 사례 분석<br>• 다문화사회의 도시 정책 방향 제언 |
| 박윤환 (2010) | 외국인의 거주지 분리 분석 | 수도권 (2009년) | 통계분석 | • 거주지 분리지수에 대한 이론적 고찰<br>• 거주지 분리지수 측정 및 분석 |
| 임석희 · 송주연 (2010) | 외국인 전문직 이주자 현황 및 분포 특성 분석 | 전국(2009년) | 통계분석 | • 우리나라의 전문직 이주자 현황 분석 및 거주지 지리적 분포 분석<br>• 전문직 이주자의 적응과 관련된 향후 정책 방향 제안 |
| 이진영 (2011) | 외국인 거주지 분포의 특성과 영향 요인 분석 | 수도권 (2009년) | 통계분석 | • 수도권의 외국인 거주지의 분포 패턴 분석<br>• 그 분포에 영향을 미치는 요인 파악 |
| 박윤환 (2011) | 빈곤층과 외국인 주민 거주지 분리 | 서울(2006, 2009년) | 통계분석 | • 빈곤층과 외국인 주민의 거주지 분리 분석 |
| 류주현 (2012) | 결혼 이주여성의 거주 분포와 민족적 배경에 대한 고찰 | 수도권 (2011년) | 통계분석 | • 결혼 이주자들의 차별적 주거지 분리 패턴을 다양한 지표를 통하여 유형화<br>• 지역별 분포 차이에 영향을 주는 요인들을 그 지역사회가 선택한 결혼 이주자들의 민족적 배경과 관련지어 분석 |
| 김경민 (2012) | 외국인 밀집지역 입지 특성 분석 | 서울 (2010년) | 통계분석<br>설문조사 | • 서울시 외국인 밀집지역 입지 특성 파악<br>• 밀집지역 거주 내국인을 대상으로 외국인 주민에 대한 주민 의식 파악 |

자료: 이진영(2011)이 정리한 것을 추가 · 보완함.

지 결정에 영향을 미치는 요인을 중점적으로 분석하였다. 이 연구는 외국인을 국적에 따라 구분하고 각 국적별로 분포의 특성을 분석한 후, 영향 요인을 통계적 분석 방법을 사용하여 분석하였다.

또한 대부분의 선행 연구가 연구 대상을 수도권으로 한정하고 있는 한계점을 드러내고 있다. 이는 외국인이 지방보다는 수도권에 밀집되어 있어 수도권을 중심으로 정책적 수요가 더 크기 때문인 것으로 보인다. 그러나 지속적인 외국인의 증가로 인하여 지방정부도 정책적인 대응을 필요로 하고 있다. 현재 수도권뿐만 아니라 지방의 자치단체들도 외국인 관련 정책에 많은 관심을 가지고 있는 것이 사실이다. 외국인주민지원조례나 다문화가족지원조례는 오히려 지방에서 경쟁적으로 수립하고 있는 실정이다. 지방에도 정책적 시사점을 제시할 수 있는 연구가 필요한 시점이다.

그리고 외국인 거주지 분석에서 국적도 중요하지만, 외국인의 유형이 정책적 실용성에서 더 중요하다고 할 수 있다. 현재 우리나라의 외국인 정책은 주로 결혼 이민자, 혼인 귀화자, 결혼 이민자 가정의 자녀에 초점이 맞추어져 있다. 반면에, 단순 기능 인력 외국인에 대한 정책적 관점은 규제적인 측면이 강한 것이 사실이다. 따라서 이들을 별도로 구분하여 거주지 분포를 비교해 보는 것이 필요하다.

마지막으로, 정책적 유용성 측면에서 연구 대상을 등록 외국인만으로 한정하는 것보다 혼인 귀화자를 포함한 국적 취득자를 연구 대상에 포함시키는 것이 바람직하다. 박세훈 외(2009)와 이진영(2011)은 외국인 거주지 분포를 비교적 체계적이고 포괄적으로 다루었음에도 연구 대상을 등록 외국인만으로 한정하였다. 우리나라의 외국인 정책은 점차 외국인에 대하여 개방적인 입장으로 선회하면서 국적 취득 요건을 과거에 비하여 완화해 나가고 있다. 그리고 결혼 이민자의 경우에는 일정 기간이 지나고 요건이 갖추어지면 내국인으로 편입되는 경우가 대부분이다. 그뿐만 아니라 이들은 다문화 정책이라고 불리는 사회 통합 정책의 주요한 대상이 되고 있다. 따라서 외국인 거주지 분포에 대한 연구에서 이들은 간과될 수 없는 대상이다.

이 연구에서는 이러한 점들을 고려하여 체류 유형에 따른 차이점에 초점을 두고 국적 취득자를 포함하여 외국인의 거주지 분포에 대하여 분석하였다. 도출된 분석 결과를 토대로 몇 가지 정책적 시사점을 제시하였다.

제 3 장

# 우리나라의 외국인 거주 형성과 현황

이 장에서는 우리나라 외국인의 거주 형성 과정과 현황에 대하여 살펴보았다. 외국인의 거주 형성 과정을 살펴보면서 동시에 각 시점에서 정부의 대응 정책에 대해서도 살펴보았다. 외국인의 정착 과정과 정부의 정책적 대응은 외국인의 거주지 분포에 어떤 원인들이 영향을 미쳤는지에 대하여 유추할 수 있는 단서를 제공한다. 그리고 외국인의 거주지 현황은 현재 외국인의 거주지가 어떻게 분포되어 있는지에 대하여 전체 등록 외국인, 체류 유형별, 국적별 등으로 구분하여 다각도로 살펴볼 수 있도록 한다.

## 제1절 외국인 거주 형성 과정과 정부의 주요 외국인 정책

우리나라에서 외국인이 거주하기 시작한 시점은 수천 년 전까지 거슬러 올라갈 것이다. 그러나 국적이라는 개념을 적용하면 그렇게까지 오래 되지는 않았다. 현재 우리가 사용하는 국적이라는 개념은 근대 국민국가의 형성과 함께 나타났고, 그에 따라 국민과 외국인을 구분하기 시작하였다. 우리나라는 개항기 때부터 국적에 따라 국민과 외국인의 구분이 이루어졌다고 보는 것이 적절할 것이다. 이러한 기준에 따라 우리나라에서 외국인이 거주하기 시작한 시점을 찾아보면 개항기라고 볼 수 있다. 지금으로부터 약 130년 전이다.

일제 강점기인 당시에는 일본인과 중국인이 우리나라에 다수 거주하였다. 이후 해방과 6·25전쟁을 거치면서 국내에서 일본인이 급격히 줄고 군대 주둔에 따라 미국인이 증가하였다. 1950년대와 60년대를 거치면서 한동안 외국인이 증가할 특별한 계기가 없었다. 그러다 1970년대 들어 우리나라는 경제 성장에 힘입어 여러 선진국과 국교를 수립하였고, 그에 따라 한국 현지에 그들 국가의 주재원이 들어서면서 외국인이 증가하였다. 1990년 이후에는 외국인 노동자의 유입으로 외국인이 본격적으로 증가하기 시작하였다. 2000년대에는 지속적인 외국인 노동자의 증가와 함께 결혼 이민자와 유학생의 증가로 단기간 내에 외국인 수가 급격하게 늘어났다. 아래에서는 이러한 흐름과 정부의 외국인에 대한 정책적 대응에 따라 외국인 거주 형성 과정을 네 시기로 구분하여 살펴보겠다.

### 1. 개항기 이후~해방 전

우리나라에서 외국인이 거주하기 시작한 시기는 개항기 이후라고 할 수 있다. 당시의 외국인은 일본인과 중국인이 대부분을 차지하였다. 조선은 1876년에 일본과 강화도조약을 체결하였고, 이 조약에 따라 점진적으로 10개 항구가 개항되었다. 그로 인하여 외국인이 유입되어 거주하기 시작하였는데, 주로 일본인과 중국인이었다. 초기에 일본인은 개항장, 개시장, 개방지 등을 중심으로 거주하면서, 점차 거주지를 확대해 나갔다. 일본이 1910년에 조선을 강제로 합병하고 식민지 지배를 강화하자, 일본인은 큰 폭으로 증가하였다. 통계 자료에 의하면, 1910년에 171,543명이었던 일본인은 일제 시기 말에는 75만 명에 이르렀다고 한다(서울특별시사 편찬위원회, 1981). 일제 시기 일본인은 전국의 도시 지역에 집단 거주지를 형성하였다. 서울의 현재 충무로 및 용산 지역, 부산 중구 광복동 일대, 인천 중구 중앙동 일대, 목포시 유달산 일대, 군산시 신흥동 일대 등 개항장을 중심으로 신시가지를 조성하여 집거하였다(박세훈 외, 2009: 77).

개항기 이후 한반도의 외국인 중 일본인 다음으로 많은 외국인은 중국인이었다. 당시 중국인은 1882년에 임오군란이 일어나자 명성황후가 이를 진압하기 위하여 청국에 군대를 요청하면서, 청나라 군인과 함께 들어온 군역 상인(軍役商人)들이 그 시초가 되었다. 그들이 현재 한국 사회 화교의 시작이라고 할 수 있다. 청국인은 초기에는 그들의 세력을 확장해 나갔으나, 일본이 한반도를 식민지로 만들면서 그 수도 감소하게 되었다. 그럼에도 그들은 자생적인 모임을 조직하여 점차적으로 거주 인구 수를 늘려나갔다. 그들은 주로 조선 남부에서 상업에 종사하였는데, 일제 시기 말기에는 8만 명이 넘었다고 한다(왕은미, 2005).

당시 조선은 강화도조약도 강제적으로 체결하였고, 얼마 후에는 국권이 피탈되어 외국인에 대한 정책을 자유롭게 추진할 수 없었다.

## 2. 해방~1980년대

해방 이후에는 미국인이 가장 많은 외국인으로 등장하였다. 일본인은 해방 이후 대부분 본국으로 빠져나갔다. 그리고 국내 중국인들은 한국전쟁을 거치면서 경제적 기반을 잃었고, 또 대한민국 정부 수립 이후 화교 경제에 대해 규제 강화 조치를 취하면서 그들의 국내 거주가 어렵게 되었다(박세훈 외, 2009: 80). 1945년 해방된 시점에서 남한의 재한 화교는 1만 2천 명을 조금 넘는 수준이었다(박경태, 2004: 284). 이들 화교는 당시 국제 정세의 변화로 불가피하게 남한에 고립되었다. 1948년 남한에서 대한민국 정부가 수립되자 외국인의 출입이 규제되어 더 이상 중국으로부터 이주가 이루어질 수 없었다. 또 한편으로는 중국에서 1949년에 공산당 정부가 수립되었고 외국 이동 금지

조치를 취하면서 본국과도 왕래, 연락이 어려워졌다(김원숙, 2010: 5).

미국인은 해방 이후 주한미군이 국내에 주둔하면서 그 수가 크게 증가하였다. 해방과 함께 들어온 주한미군은 7만 7천 명 수준이었고, 한국전쟁을 거치면서 32만 5천 명까지 늘어났다가 1960년대 초반에는 5~6만 명을 유지하였다. 그들은 주한미군 주둔지인 서울 용산, 경기도 의정부·동두천·파주·평택 등에 거주하였다. 또 외국공관이 들어선 이태원동, 한남동에도 미국인 거주지가 형성되었다.

1970년대와 80년대에는 60년대 해외 선진 국가들과 국교 수교를 통하여 만들어진 현지 주재원과 그들 가족 공동체의 거주지가 새로운 외국인 거주지의 시초가 되었다. 그들은 서울 이곳저곳에 국가별로 거주 지역을 형성하였고, 그에 따라 관련 학교, 종교시설, 직장 등이 들어서고 커뮤니티가 형성되었다(박세훈 외, 2009: 81). 그들은 경제적으로 발전된 국가의 외국인이었기 때문에 거주지는 주거 환경이 좋은 곳에 형성되었다.

1960, 70년대를 거치면서 급격한 경제 성장과 함께 내외국인의 출입국자도 가파른 상승세를 보였다. 1980년의 출입국자는 1960년에 비하여 100배 이상으로 증가하였다(김원숙, 2010: 7).[1] 그럼에도 당시의 장기 체류 외국인의 증가세는 크게 나타나지 않았다. 장기 체류 외국인은 1960년도에 34,951명에서 1980년도에 40,519명으로 낮은 증가세를 보였고, 그들 대부분은 대만 국적의 재한 화교였고, 다음으로 미국인,

1) 1960년도의 내외국인 출입국자는 33,984명에 불과하였으나 1980년에는 3,311,118명으로 증가하였다(김원숙, 2010: 7).

일본인 등으로 구성되었다(김원숙, 2010: 7).

이 시기에 우리나라에 거주하는 외국인이 증가하지 않은 이유는 열악한 경제적·사회적 상황에서 찾을 수 있지만, 한편으로 정부의 정책이 한 원인으로 작용하였다. 당시의 외국인에 대한 정부 정책은 두 가지 특징이 있었다. 우선, 화교들에 대한 경제적 규제 강화였다. 이승만 정부부터 박정희 정부에 이르기까지 각종 규제 조치를 통하여 화교의 경제적 확대와 재산 소유를 제한하였다.[2] 그러한 조치로 인하여 재한 화교 중 상당수는 1970년대에 미국, 호주, 대만, 일본 등지로 이주하게 되어 국내의 재한 화교 수는 점차 감소하였다.

다음으로, 당시 출입국 관리 정책의 방향은 우리나라의 번영이라는 관점에서 경제적으로 도움이 되는 외국인에 대해서는 환영유지책을 취하였지만, 그렇지 않은 외국인에 대해서는 철저하게 억제하는 것이었다(김원숙, 2010: 7). 그 시기에 우리나라는 높은 인구밀도를 큰 문제로 인식하여 인구 억제책과 이민 정책을 강력하게 추진하고 있었다. 그에 따라 외국인의 입국에 대해서는 엄격히 규제하여야 하고, 범법 외국인이나 부도덕한 외국인이 국민 생활에 미치는 영향도 최소화해야 한다고 판단하였다. 반면에, 협소한 국토, 부족한 자원, 과도한 인구

2) 이승만 정부는 창고 봉쇄 조치와 외국인의 외화(外貨) 사용에 대한 규제로 화교 무역업자들에게 타격을 주었다. 이후 박정희 정부에서도 화교에 대한 경제적 규제는 지속되었다. 박정희 정부 시기에 시행된 통화 개혁은 현금 소지량이 많은 재한 화교에게 큰 피해를 주었다. 그리고 1962년의 「외국인토지소유금지법」과 1970년의 「외국인 토지 취득 및 관리에 관한 법」 제정은 외국인의 토지 소유를 금지하여 화농(華農)의 몰락을 유도하였다. 여기에 전국 중화음식점에 쌀밥 판매 금지령을 내리거나 중국 요리점의 음식 가격의 엄격한 규제 등으로 화교 음식점에 대한 규제도 시행하였다(양필승·이정희, 2004).

라는 상황에서 생존을 위해서는 선진 외국의 기술을 유치하고 수출을 진흥하며 관광객을 가능한 한 많이 유치하여야 한다고 보았다.

## 3. 1980년대 후반~2000년대 초반

1980년대 후반부터 우리나라에서 본격적으로 외국인이 증가하기 시작하였다. 여기에는 당시의 국내의 여러 가지 여건이 원인으로 작용하였다.[3] 1980년대 중반 이후부터 국내의 소득 수준이 높아지고, 기업 및 업종 간 임금 격차가 확대되었으며, 또 국민의 전체적인 학력 수준이 높아지면서 저임금 단순 노동을 기피하는 분위기가 형성되었다. 이는 제조업 중심의 중소기업에 심각한 인력 부족을 초래하였다.

한국 정부는 그때까지 내국인의 일자리 보호와 국민 정서 등을 이유로 들어 저숙련 외국인을 근로자로 고용하는 것을 엄격하게 규제하였다(설동훈, 1999: 419-423). 단지 내국인으로 대체할 수 없는 전문·기술 직종에 한하여 외국인의 국내 취업이 허용되었다. 그러나 그 시기에 외국인의 입국이 과거보다 자유로워지면서 다른 목적으로 입국하여 취업을 하는 불법 취업 외국인이 점차 증가하였다.[4] 중소기업

---

3) 1980년대 후반 우리나라는 정치, 경제, 사회적으로 중요한 변화를 맞이하게 되었다. 1960년대부터 이루어져 온 경제 성장은 제조업 분야에 크게 의존해 왔는데, 1980년대 후반부터 제조업 부문의 취업자 비율이 감소하고 서비스 부문의 취업자가 크게 확대되는 산업구조의 변화가 일어났다. 이와 함께 정치적으로는 지난 30년간의 군부의 권위적 정권이 물러나고 대통령 직접선거 등 정치적·사회적 민주화가 촉진되기 시작하였다. 이러한 일련의 변화는 노동시장의 분절화를 심화시켜 대기업과 소기업 간 임금 격차를 크게 확대하였다(이혜경, 2011: 33).

4) 그 무렵 우리나라와 중국의 관계가 개선되면서 중국 동포들이 친척 방문 등의 목

은 부족한 인력을 저개발국으로부터 들어온 불법 체류 외국인으로 충당하였다.

인력난을 겪고 있던 업계는 지속적으로 노동시장 개방과 외국인 인력 수입, 외국인 고용허가제를 도입하도록 정부에 압력을 가하였다.[5] 중소기업을 중심으로 한 인력난의 심화와 불법 취업 외국인의 증가로, 정부는 외국 인력을 근로자 신분이 아닌 연수생 신분으로 도입하기로 결정하여 1991년 해외투자업체 연수제도를 도입하고, 이어 1993년에 외국인 산업기술 연수제도를 도입하였다.

그러나 이 제도도 문제점이 있었다. 산업연수생이라는 신분은 산재보험이나 최저 임금 등 각종 노동 관계법의 적용에서 제외된다는 점과, 연수생의 작업장 이탈로 인한 불법 체류자 양산이라는 점에서 비난을 받았다. 불법 체류자의 경우 그들의 불법 신분을 악용한 고용주의 임금 체불 및 폭력, 착취 등 비인권적 노동 조건들에 대한 문제가 사회적으로 부각되기도 하였다(박진경, 2010: 272). 이러한 문제점에 대한 대책 중 하나로 정부는 2000년에는 연수생이 일정 기간 연수 이후에 검증 절차를 통과하면 근로자 신분을 부여하여 일정 기간 정식 노

---

적으로 한국을 방문하였다. 당시는 국내 건설업계가 극심한 인력난을 겪고 있던 시기로서 중국 동포는 쉽게 국내에서 취업 기회를 얻을 수 있었다(이혜경, 1997).

5) 그러나 노조와 학계는 외국인 노동자 유입에 따른 노동시장 혼란과 사회적 악영향을 우려하여 최대한 늦추자는 입장이었다(이혜경, 1994). 정부 내에서도 외국 인력 도입에 대하여 상공부, 건설부 등의 찬성하는 입장과 경제기획원, 법무부, 노동부, 보건사회부 등의 반대하는 입장이 엇갈려 쉽게 의견이 통일되지 못하였다 (이혜경, 2008). 그러는 사이 외국인 노동자는 한국계 중국인과 동남아시아인의 유입과 불법 취업을 통하여 크게 증가하였고(이혜경, 1994), 정부는 더 이상 방관할 수 없었다.

동자로 취업할 수 있도록 한 연수취업제를 시행하기도 하였다.

이러한 저숙련 외국인력 정책으로 외국인 노동자들이 증가하였지만, 제도상 불법 취업자도 동시에 늘어날 수밖에 없었다. 그로 인하여 노동인력에서 불법 체류자의 비율이 지나치게 늘어나고[6] 동시에 외국인의 인권 문제 등이 부각되었다. 그 결과, 김대중 정부에서 고용허가제 도입에 대한 논의가 재개되었고, 오랜 논의 끝에 2003년에 제도화되었다.[7]

이러한 연수생 제도와 함께 재외동포법의 제정과 취업관리제 도입 등 동포에 대한 정책도 외국인의 증가를 유도하였다. 1999년에는 재외동포의 출입국과 법적 지위에 관한 법률(재외동포법)을 제정하여 재미, 재일동포 등 선진국 거주 동포에 한하여 국민에 준하는 자유로운 출입국 및 경제 활동을 보장하였다. 재외 동포 자격 소지자는 단순 노무 및 사행 행위를 제외한 분야에서 자유로운 취업이 가능하도록 하였다.[8] 정부는 이어 2002년에 취업관리제를 도입하였는데, 이는 40세 이상 국내 연고가 있는 동포를 대상으로 8개 분야 서비스 업종에서 2년간 취업 활동을 허용하는 것이었다.

이러한 이주 정책은 고용·노동 정책의 맥락에서 도입되었기 때문에 정책의 방향은 이주 노동자의 규제와 인력 활용에 맞춰질 수밖에 없었다. 그 결과, 외국인 노동자들은 주로 동아시아의 저개발국으로부

6) 2003년 1월 국내 체류 외국 인력 36만 3천 명 중 불법 체류자가 28만 7천 명(79.1%)에 달하였다(이규용, 2011: 147).

7) 종전의 산업기술 연수생 제도는 폐기되지 않고 고용허가제와 함께 병행하여 실시되었다.

8) 주로 구주·미주 지역의 동포들이 이러한 자격을 부여받았다(이규용, 2011: 150).

터 유입되었다. 그들은 주로 안산시, 서울 구로구, 영암군, 양산시 등 공업단지 주변의 기숙사나 다세대 주택에 자리를 잡았지만 한국계 중국인의 상당수는 서울의 구로구·영등포구 등 도심지 가까운 곳에 집적하게 되었다(박세훈 외, 2009: 83). 이 시기에 외국인은 한국계 중국인 위주로 들어오다가 1990년대 초에는 필리핀인과 방글라데시인 등 동남아시아 외국인의 유입이 시작되었다. 1993년 정부의 '산업기술연수생 제도' 도입으로 14~15개 아시아 국가로 국내 외국인의 국적은 다양해졌다(이혜경, 2011: 27). 그 결과 장기 체류 외국인은 1981년에 4만여 명에 불과하였으나, 2003년에는 단기 체류 외국인을 포함하여 47만여 명에 이르렀다.

## 4. 2000년대 중반 이후

2000년대 들어서 국내의 외국인은 이전과 비교할 수 없을 정도로 폭발적으로 증가하였다. 그러한 증가에는 국내외의 상황이 복합적으로 작용하였다. 국내에서는 지속적으로 저임금 단순 기능 인력이 부족하였고, 국제 결혼이 활성화되었으며, 사회 전반적인 세계화 바람으로 대학에서 유학생 유치가 경쟁적으로 일어났다. 이와 함께 중국의 경제성장으로 중국 내 대학생들의 해외 유학이 과거에 비하여 용이해졌다.

2000년대 들어 국내의 노동 이주자는 정부의 외국인 인력 정책과 동포 포용 정책 등으로 급격히 증가하였다. 2004년 시행된 고용허가제는 이전의 산업연수생 제도와 병행하여 실시되었다. 그러나 각 제도로 입국한 외국인 근로자 간에 형평성 시비 등 많은 문제가 발생하자, 2007년 1월 고용허가제로 일원화하였다. 결과적으로 외국인 근로자의 도입 · 관리를 정부에서 전체적으로 관장하게 되었다. 또, 2002년 도입된 취업관리제는 2004년의 고용허가제 시행으로 고용허가제 특례로 변경되어 운영되었다. 이 과정에서 재미, 재일 동포 등 선진국 거주 동포에 한정되었던 것에서 중국, 구소련 동포로까지 입국 문호를 확대하였고, 취업 업종도 20개 업종으로 확대 · 허용하였다. 일정한 절차를 거칠 경우에는 단순 노무 분야에서도 취업을 허용하였다. 이어 2007년에는 방문취업제를 도입하였는데, 국내에 연고가 없는 동포에 대하여 취업 기회를 확대하였고, 25세 이상에 한하여 중국 · 구소련 지역의 동포에 대해서도 자유로운 방문 · 취업 활동을 허용하였다.[9] 방문취업제 동포에게는 단순 노무 분야 36개 업종에 대하여 취업을 허용하였고, 근무처 변경도 신고만으로 가능하게 하였다(이규용, 2011: 151).

이 시기의 이러한 변화로 인하여 외국인 노동자의 수가 급격하게 증가하였을 뿐만 아니라 이주 국가도 다양해졌다. 특히, 동포 정책의 영향으로 한국계 중국인은 2000년대에 급격한 증가세를 보였다. 1999년 말에 전체 외국인 중 12% 정도였으나 2011년 말에는 약 40%까지 증가하였다. 정부는 이들 동포를 인력 부족 업종인 제조업 및 농업 분야 등으로 취업할 수 있도록 유도하고 다각적인 인센티브를 부여하였다.[10]

---

9) 또, 방문 취업(H-2) 체류 자격을 신설하여, 5년 유효한 복수 사증을 발급하였다.
10) 제조업 및 농업 분야 등 장기 근무 동포에 대하여 친족 2명을 2년 체류 자격으로 초청할 수 있도록 하고, 영주 자격 취득 요건을 10년에서 4년 6개월로 완화하였다.

2000년대의 인력 정책의 특징적인 면은 전문 인력에 대한 정책이다. 이명박 정부는 국제경쟁력 강화라는 정책 목표를 설정하고, 전문 인력에 대한 우대 정책을 본격적으로 실시하였다. 외국인 정책의 주요 대상을 우수 인력에 대한 유치 지원 정책에 중점을 두고 글로벌 고급 인력 유치 방안을 마련하였다. 이 정책에 따라 고급 인력으로 판단되는 외국인에게는 고용 계약 없이 입국하여 구직할 수 있는 비자가 발급되고, 영주 비자 발급도 용이하도록 하였다. 이러한 외국인 노동자에 대한 정책은 우리나라에 도움이 되는 외국인은 국내로 적극적으로 받아들이고, 도움이 되지 않는 외국인은 철저하게 배제하는 차별적 접근에 근거하였다.

외국인 노동자 외에 결혼 이민자도 2000년대 들어서서 급격하게 증가하였다. 결혼 이민자는 1980년대 후반부터 지속적으로 유입되어 우리 사회에 일명 다문화 가정이 형성되어 왔으나, 2000년대 들어 급격한 증가와 함께 사회적으로 부각되기 시작하였다. 그리고 결혼 이민자의 대부분은 여성이었다. 1980년대는 종교단체(통일교)를 통하여 주로 일본 여성이 입국하였고, 1990년대에는 한국과 중국 사이에 점차 관계가 개선되고 국교가 수교되면서 중국 동포와 중국 한족의 결혼 이주가 많아졌다(법무부, 2007: 600). 1990년대 중반 이후에는 필리핀, 태국, 몽골 등으로 국적이 확대되었다. 2000년대에는 베트남, 우즈베키스탄, 러시아 등으로 국적도 더욱 다변화되는 경향을 보이고 있다.

우리나라에서 결혼 이민자가 증가하기 시작한 초기에는 농촌 지역 내 국제 결혼의 비중이 높았다. 1970년대 급속한 경제 성장과 함께 도시화가 빠르게 진행되었고 그에 따라 농촌 지역은 상대적으로 점차 낙후된 지역으로 남게 되었다. 그로 인하여 1990년대 후반부터 농어촌 지역에서 결혼하지 못한 남성들이 늘어났고, 이 문제는 사회적인 이슈로까지 부각되었다. 이들은 국내에서 결혼 상대를 찾기 힘들어지자, 그 대상을 해외로까지 확대하여 동남아시아 저개발국 여성들을 배우자로 맞이하였다. 그러다 2000년대 중반부터는 국제 결혼이 도시화되어, 농촌 총각보다는 도시 총각이 국제 결혼으로 아내를 맞이하는 경우가 늘어났다. 이는 결혼 이민 여성의 증가가 전체 외국인의 증가에서 큰 비중을 차지하도록 하였다. 그리고 국제 결혼의 비율도 높아지게 하였다. 우리나라의 국제 결혼 비율은 2010년도에 32만 6천 건으로 전체 결혼 중 약 10.5%를 차지하였다.

결혼 이민자의 증가에는 또 결혼 중개업의 활성화가 또 다른 요인으로 작용하였다. 1999년 8월에 결혼 중개업이 '허가'에서 '신고제'로 변경되었고 이후에 자유업으로 전환되었다. 사설 중개업체들이 이를 기회로 삼아 국내 결혼 시장에서 주변화된 농어촌 남성과 도시의 저소득층 남성을 상대로 적극적인 결혼 중개사업을 하면서 국제 결혼이 대중화된 것이다(한승준, 2010: 44). 이러한 국제 결혼의 증가는 새로운 유형의 가족들이 우리 사회의 구성원으로 편입하도록 하여 우리 사회가 다인종, 다문화 사회로 급속하게 변화되도록 하고 있다(유희정, 2007: 632-633).

정부는 이러한 특수한 형태의 가족의 출현으로, 사회 통합 차원에서 가족 및 가족 구성원의 사회 적응을 돕고 결혼 이주민들을 한국 사회

**표 3-1** 외국인 관련 정부 주요 정책 및 조직 변화

| 시기 | 정부의 주요 정책 및 변화 | 정부 조직의 주요 활동 및 변화 |
|---|---|---|
| 1949.11 | 「외국인의 입국출국과 등록에 관한 법률」 제정 | |
| 1961.10 | | 출입국 관리 업무 외무부에서 법무부로 이관 |
| 1963.3 | 「출입국관리법」 제정 | |
| 1977.12 | 「출입국관리법」 외국인 정치활동 금지 조항 신설 | |
| 1991.11 | '해외투자업체연수제도' 확대 적용 | |
| 1993.11 | 산업기술연수생제도 선택 | |
| 1997.12 | 국적법 개정/시행(1998.6) | |
| 1999.9 | 「재외동포법」 제정 | |
| 2000.4 | 연수취업제 시행 | |
| 2002.12 | 취업관리제 도입 | |
| 2004.8 | 고용허가제, 산업연수생제 병행 | |
| 2004.12–2006.6 | | 복지부 다문화 가족 실태 조사 |
| 2006.4 | 여성 결혼 이민자 가족의 사회 통합 지원대책/혼혈인 및 이주자 지원 방안 발표 | |
| 2006.5 | '외국인정책 기본 방향 및 추진 체계' 발표 | 국무총리 산하 '외국인정책위원회' 신설 |
| 2007.1 | 고용허가제 일원화 | |
| 2007.3 | 방문취업제 | |
| 2007.7 | 「재한외국인처우기본법」 시행 | '출입국관리국'이 '출입국·외국인정책본부'로 확대 개편 |
| 2007.12 | 「결혼중개업의 관리에 관한 법률」 공포 | |
| 2008.3 | 「다문화가족지원법」 시행 | |
| 2008.12 | 제1차 외국인정책 기본계획 확정 | |
| 2009.12 | | 국무총리 산하 '다문화가족정책위원회' 신설 |
| 2010.3 | | 대통령 직속 '사회통합위원회' |
| 2010.4 | 「결혼중개업 관리에 관한 법률」 개정 | |
| 2010.5 | 국적법 개정안 공포 | '다문화가족정책위원회' 다문화가족지원정책 기본계획(안)(2010~2012) |
| 2012.12 | 제2차 외국인정책 기본계획 확정 | |

자료: 이혜경(2011: 32)을 수정·보완.

에 통합시키기 위하여 여러 정책을 마련하였다. 그 과정에서 2007년 「재한외국인처우기본법」 및 2008년 「다문화가족지원법」이 제정되었다. 이후 이명박 정부 들어 지난 노무현 정부에서 시작한 '외국인정책 기본계획'이 완성되었다.[11)]

지난 정권 중에서 노무현 정부는 외국인 정책에서 새로운 전환점이 되었다. 이전의 외국인 정책은 통제와 관리 중심이었던 데 반하여, 노무현 정부는 외국인의 처우 개선 및 인권 옹호에 중점을 둔 사회 통합 정책으로 방향을 전환하였고, 부처별 단편적 정책 추진에서 벗어나 종합적이고 체계적인 외국인 정책 추진 체계를 구축하였다(김원숙, 2010: 17).

## 제2절 외국인 거주 현황 및 분포

여기에서는 외국인의 거주 현황과 분포를 여러 각도에서 살펴보았다. 외국인은 합법적으로 90일 이상 체류하는 등록 외국인으로 한정하였다. 그 이유는 일정한 거주지를 형성하기 위해서는 어느 정도의 기간이 필요하다고 보았기 때문이다. 또 장기 체류자들이 그들이 거주하는 지역에 많은 영향을 미칠 수 있기 때문이다. 등록 외국인 외에 우리

11) 그러나, 2008년 12월 17일 외국인정책위원회를 통과한 제1차 외국인정책기본계획(2008~2012)은 앞서 노무현 정부에서 마련된 기본 계획을 상당 부분 수정한 것이다. 노무현 정부 때 정책의 비전 등에서 '열린 사회', '다문화 사회'라는 지향성을 담고 있었으나, 이를 '세계 일류 국가'로 변경하여 발표하였다. 이를 통하여 외국인 정책의 주요 기조가 노무현 정부에서 제기한 기조에서 많이 달라졌음을 알 수 있다.

나라 국적을 취득한, 즉 귀화한 외국인을 분석 대상에 포함하였다. 귀화한 외국인은 국적상 내국인에 해당되지만 우리 사회에서는 외국인으로 인식되고, 외국인 정책에서 주요 대상에 해당되기 때문이다.

등록 외국인의 거주지 분포는 체류 유형과 국적별로 구분하여 분석하였다. 우리나라에 거주하는 외국인의 체류 목적은 「출입국관리법 시행령」에 체류 자격으로 규정되어 구분되어 있다. 2012년 현재 법령상의 분류는 수십 가지에 이른다. 그러나 체류 목적에 따라 몇 가지로 유형화시킬 수 있다.

스토커(Peter Stalker)는 이주민이 이동하게 된 경위와 방식을 크게 정착민(settler), 계약 노동자(contract worker), 전문직 종사자(professional), 미등록 노동자(undocumented worker), 난민과 망명 신청자(refugee and asylum seeker) 등 다섯 가지로 분류하였다. 전형권(2008)은 스토커의 이러한 분류가 각 범주와 개념들이 모호하게 중첩됨에 따라 서로 겹치는 부분이 있는 문제점이 있다고 보고, 그의 분류를 수정하였다. 그는 국제 이주의 유형을 크게 노동형 이주, 전문직 이주, 여성 이주, 도피형 이주, 투자형 이주(유학 포함), 가족 이주 등으로 구분하여 살펴보았다. 박세훈 외(2009)는 국내 외국인을 대상으로 사증(visa) 타입에 근거하여 노동자, 결혼 이민자, 전문 인력, 유학생 그리고 기타 유형으로 구분하였다.

우리나라 법무부 출입국외국인정책본부는 2007년부터 출입국 외국인 정책 통계연보에 외국인을 외국인 근로자, 결혼 이민자, 유학생으로 분류하였고, 외국인 근로자는 다시 전문 인력, 예체능 인력, 단순 기능 인력으로 세분하였다. 행정안전부는 2006년부터 외국인 주민의 생활 안정, 지역사회 정착 등 지원 정책 수립의 기초 자료로 활용하기 위하여 외국인 주민을 유형별, 국적별, 지역별로 나누어 조사해 오고 있다. 행정안전부는 크게 한국 국적을 가지지 않은 자와 가지고 있는 자로 구분하고, 가지지 않은 자에서는 외국인 근로자, 결혼 이민자 등으로, 한국 국적을 가지고 있는 자는 혼인 귀화자와 기타 사유 귀화자로 나누어 조사하고 있다.

여기에서는 이러한 선행 연구자들의 분류와 관련 정부 부처의 분류에 근거하여 네 가지 체류 유형으로 분류하였다. 그것은 단순 기능 인력, 전문 인력, 유학생, 결혼 이민자 네 가지 유형이다. 그리고 여기에 포함되지 않는 유형은 기타로 포괄하였다. 사증(visa)에 따른 구체적인 분류는 [부록]에 정리하였다. 귀화한 외국인도 이러한 분류에 포함시키는 것이 타당하지만, 귀화한 외국인의 당초 체류 목적은 혼인 귀화자 외에는 사용할 수 없었다. 그로 인하여 귀화자에 대해서는 혼인 귀화자만을 살펴보았다.

## 1. 거주 외국인의 추이

### 1) 전체 등록 외국인의 추이

우리나라에 장기 체류하는 등록 외국인의 추이를 1995년부터 2011년까지 살펴보면, <표 3-2>와 [그림 3-1]과 같다. 1995년에 등록 외국인은 약 11만 명으로 전체 인구의 0.24%에 불과하였다. 이후, 1998

년을 제외하고 지속적으로 증가하여 2011년 말 기준으로 98만 명을 넘어 100만 명에 육박하고 있다. 이러한 수치는 우리나라 전체 인구의 1.9%에 달하는 것이다. 여기에 귀화한 외국인을 합하면 국내에 거주하는 외국계 주민은 110만 명으로 전체 인구의 2.2%에 이른다. 그리고 귀화자들은 2000년대 들어 지속적으로 증가 추세를 보이고 있다.

등록 외국인의 증가 추이는 일정하지 않고 몇 차례 변동이 있었는

**표 3-2** 등록 외국인 및 귀화자 추이 (단위: 명, %)

| 연도 | 등록 외국인 | | | | | 외국인 비중 | 귀화자 수 | 귀화자 포함 외국인 비중 |
|---|---|---|---|---|---|---|---|---|
| | 계 | 남 | 비중 | 여 | 비중 | | | |
| 1995 | 110,028 | 63,042 | 57.3 | 46,986 | 42.7 | 0.24 | 405 | 0.24 |
| 1996 | 148,731 | 89,007 | 59.8 | 59,724 | 40.2 | 0.32 | 536 | 0.32 |
| 1997 | 176,890 | 108,054 | 61.1 | 68,836 | 38.9 | 0.38 | 754 | 0.38 |
| 1998 | 147,914 | 85,734 | 58.0 | 62,180 | 42.0 | 0.31 | 924 | 0.32 |
| 1999 | 168,950 | 97,988 | 58.0 | 70,962 | 42.0 | 0.36 | 1,080 | 0.36 |
| 2000 | 210,249 | 122,749 | 58.4 | 87,500 | 41.6 | 0.44 | 1,280 | 0.44 |
| 2001 | 229,648 | 130,397 | 56.8 | 99,251 | 43.2 | 0.48 | 2,004 | 0.48 |
| 2002 | 252,457 | 141,344 | 56.0 | 111,113 | 44.0 | 0.52 | 4,976 | 0.53 |
| 2003 | 437,954 | 258,987 | 59.1 | 178,967 | 40.9 | 0.90 | 10,962 | 0.92 |
| 2004 | 468,875 | 278,275 | 59.3 | 190,600 | 40.7 | 0.96 | 18,223 | 0.99 |
| 2005 | 485,144 | 283,936 | 58.5 | 201,208 | 41.5 | 0.98 | 30,522 | 1.05 |
| 2006 | 631,219 | 370,320 | 58.7 | 260,899 | 41.3 | 1.27 | 37,999 | 1.35 |
| 2007 | 765,746 | 438,795 | 57.3 | 326,951 | 42.7 | 1.53 | 46,535 | 1.62 |
| 2008 | 854,007 | 480,136 | 56.2 | 373,871 | 43.8 | 1.69 | 58,053 | 1.81 |
| 2009 | 870,636 | 485,806 | 55.8 | 384,830 | 44.2 | 1.72 | 83,097 | 1.88 |
| 2010 | 918,917 | 514,956 | 56.0 | 403,961 | 44.0 | 1.79 | 99,409 | 1.98 |
| 2011 | 982,461 | 554,482 | 56.4 | 427,979 | 43.6 | 1.90 | 115,499 | 2.12 |

주: 귀화자 수는 1991년부터 누적된 값으로 하였다.
자료: 법무부 출입국·외국인정책본부 통계연보, 통계청 국가통계포털(KOSIS).

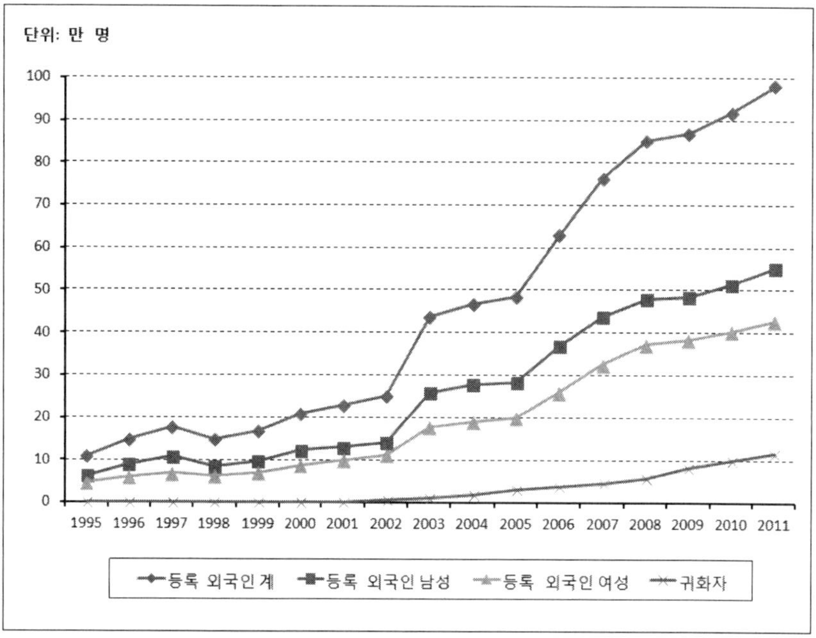


**그림 3-1** 우리나라 등록 외국인 및 귀화자 추이

자료: 법무부 출입국·외국인정책본부 통계연보.

데, 그 원인은 국내 경기의 부침, 외국인 고용 정책의 영향, 새로운 체류 유형의 증가 등에서 찾을 수 있다. 우리나라의 등록 외국인의 상당수는 단순 노동자들로 구성되어 있어, 국내 제조업 경기에 많은 영향을 받게 된다. 1997년 말 IMF 경제 위기의 영향으로 등록 외국인 수가 감소하였다. 그러나 2004년에 외국인 노동자 정책이 이전의 연수생 제도에서 고용허가제로 일원화되었고, 2007년에 외국 국적 동포에 대한 방문 취업제가 도입되어 외국인 노동자 수가 크게 증가하였다. 한편, 2000년대 들어 유학생과 결혼 이민자가 늘어나면서 외국인의 증가세가 더욱더 강화되었다.

등록 외국인의 남녀 추이를 보면, 모든 시점에서 여성보다는 남성이 더 많은 수를 차지하고 있고, 남녀 비중은 전체적으로 큰 변화 없이 이어져 오고 있지만 최근 들어 여성의 비율이 증가하였다. 그 이유는 2000년대 중반 이전까지는 남성 위주의 단순 기능 인력이 등록 외국인의 대다수를 차지하였는데, 중반 이후부터 결혼 이민 여성이 큰 폭으로 증가하였기 때문인 것으로 보인다.

### 2) 체류 유형별 등록 외국인과 혼인 귀화자 추이

등록 외국인과 귀화자를 유형별로 구분하여 살펴보았다. 외국인의 사증별 체류 목적에 따라 단순 기능 인력, 결혼 이민자, 전문 인력, 유학생 네 가지 유형과 기타로 구분하였다. 이 유형 중 결혼 이민자는 2002년부터 별도의 체류 자격으로 분리 집계되어 이후 자료만을 사용하였다. 귀화자는 귀화 이전의 체류 유형에 대한 자료를 구하기 어려워 통계 자료로 조사된 혼인 귀화자만을 2007년 자료부터 수집하였다. 추이는 4년 단위로 하여 5개 시점에서 살펴보았다.

각 유형의 증가 추이를 보면, 대부분 2000년대 들어 증가세가 높아졌다. 그 중 단순 기능 인력의 증가세가 매우 높게 나타났다. 이를 통하여 우리나라의 등록 외국인 증가는 상당 부분 단순 기능 인력의 증가로 인하여 발생하였음을 알 수 있다. 결혼 이민자와 혼인 귀화자는 자료가 수집된 시점부터 지속적으로 증가하고 있다. 결혼 이민자 대부분은 일정 기간이 지난 후 혼인 귀화자로 바뀌게 되므로, 혼인 귀화자는 향후 지속적으로 증가될 것으로 예상된다. 전문 인력은 상대적으로

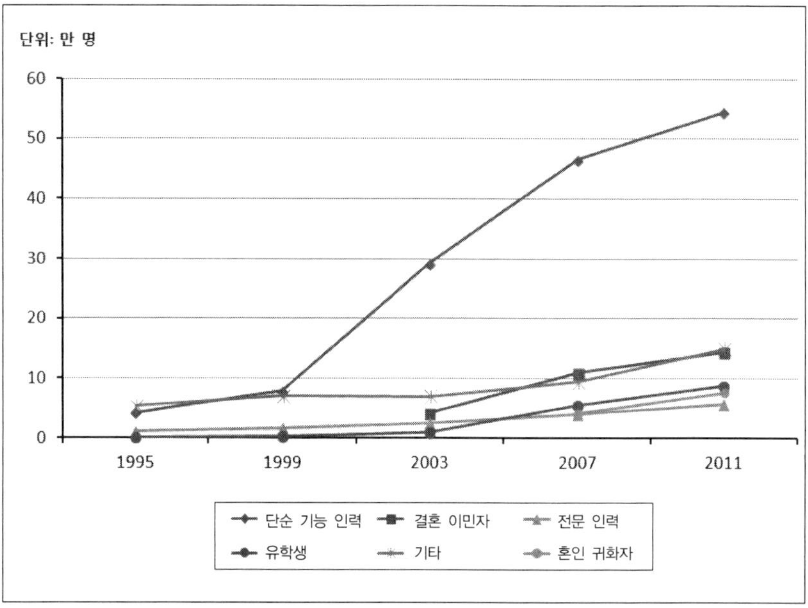


**그림 3-2** 체류 유형별 등록 외국인 수와 혼인 귀화자 수 변화

주: 혼인 귀화자는 행정안전부의 외국인 주민 현황 자료임. 행정안전부는 매년 1월 1일 기준으로 외국인 주민 통계 자료를 작성함. 따라서 여기에서는 자료의 시점을 전년도로 보았음.

자료: 법무부 출입국·외국인정책본부 통계연보. 행정안전부 외국인 주민 현황.

안정적인 증가율을 보이고 있다.

유학생의 경우, 2003년 이후로 높은 증가율을 보이고 있다. 이는 정부의 대학 국제화 정책과 각 대학의 유학생 유치 정책이 만들어 낸 결과로 보인다. 특히 출산율 저하로 국내 학생 수가 줄어들고 있어 향후 유학생은 계속 증가할 것으로 예상된다.

각 유형별로 남녀 비율을 살펴보면, 2011년 기준으로 단순 기능 인력과 전문 인력에서만 남성의 비율이 높고 나머지 유형에서는 여성의

**표 3-3** 체류 유형별 등록 외국인과 혼인 귀화자 수 변화 (단위: 명, %)

| 구분 | | 1995년 | | 1999년 | | 2003년 | | 2007년 | | 2011년 | |
|---|---|---|---|---|---|---|---|---|---|---|---|
| | | 인구 수 | 구성비 | 인구 수 | 구성비 | 인구 수 | 구성비 | 인구 수 | 구성비 | 인구 수 | 구성비 |
| 등록 외국인 전체 | 합계 | 110,028 | 100 | 168,950 | 100 | 437,954 | 100 | 765,746 | 100 | 982,461 | 100 |
| | 남 | 63,042 | 57.3 | 97,988 | 58.0 | 258,987 | 59.1 | 438,795 | 57.3 | 554,482 | 56.4 |
| | 여 | 46,986 | 42.7 | 70,962 | 42.0 | 178,967 | 40.9 | 326,951 | 42.7 | 427,979 | 43.6 |
| 단순 기능 인력 | 합계 | 42,721 | 100 | 78,983 | 100 | 291,725 | 100 | 465,790 | 100 | 544,440 | 100 |
| | 남 | 27,515 | 64.4 | 55,575 | 70.4 | 200,446 | 68.7 | 323,971 | 69.6 | 380,759 | 69.9 |
| | 여 | 15,206 | 35.6 | 23,408 | 29.6 | 91,279 | 31.3 | 141,819 | 30.4 | 163,681 | 30.1 |
| 결혼 이민자 | 합계 | - | | - | | 41,428 | 100 | 109,861 | 100 | 144,214 | 100 |
| | 남 | - | | - | | 2,801 | 6.8 | 13,110 | 11.9 | 19,630 | 13.6 |
| | 여 | - | | - | | 38,627 | 93.2 | 96,751 | 88.1 | 124,584 | 86.4 |
| 전문 인력 | 합계 | 12,128 | 100 | 16,735 | 100 | 25,743 | 100 | 40,215 | 100 | 56,659 | 100 |
| | 남 | 9,788 | 80.7 | 13,559 | 81.0 | 19,647 | 76.3 | 29,568 | 73.5 | 40,458 | 71.4 |
| | 여 | 2,340 | 19.3 | 3,176 | 19.0 | 6,096 | 23.7 | 10,647 | 26.5 | 16,201 | 28.6 |
| 유학생 | 합계 | 1,520 | 100 | 3,060 | 100 | 9,482 | 100 | 55,724 | 100 | 87,292 | 100 |
| | 남 | 913 | 60.1 | 1,708 | 55.8 | 4,786 | 50.5 | 28,975 | 52.0 | 42,297 | 48.5 |
| | 여 | 607 | 39.9 | 1,352 | 44.2 | 4,696 | 49.5 | 26,749 | 48.0 | 44,995 | 51.5 |
| 기타 | 합계 | 53,659 | 100 | 70,172 | 100 | 69,576 | 100 | 94,156 | 100 | 149,856 | 100 |
| | 남 | 24,826 | 46.3 | 27,146 | 38.7 | 31,307 | 45.0 | 43,171 | 45.9 | 71,338 | 47.6 |
| | 여 | 28,833 | 53.7 | 43,026 | 61.3 | 38,269 | 55.0 | 50,985 | 54.1 | 78,518 | 52.4 |
| 혼인 귀화자[1)] | 합계 | - | - | - | - | - | - | 41,672 | 100 | 76,473 | 100 |
| | 남 | - | - | - | - | - | - | 2,991 | 7.2 | 4,268 | 5.6 |
| | 여 | - | - | - | - | - | - | 38,681 | 92.8 | 72,205 | 94.4 |

주: 1) 혼인 귀화자는 행정안전부의 외국인 주민 현황 자료임. 행정안전부는 매년 1월 1일 기준으로 외국인 주민 통계 자료를 작성함. 따라서 여기에서는 자료의 시점을 전년도 말로 보았음.

자료: 법무부 출입국·외국인정책본부 통계연보, 행정안전부 외국인 주민 현황.

비율이 높게 나타난다. 유학생의 경우 과거에는 남성 비율이 높았으나 최근 여성의 비율이 높아졌다. 취업 목적으로 이주한 단순 기능 인력과 전문 인력은 남성 비율이 70% 정도로 높게 나타나는 반면, 결혼을 목적으로 이주한 결혼 이민자와 혼인 귀화자는 여성의 비율이 약 90%에 이르고 있어 양 유형에서 극명한 대비를 보인다.

다음으로, 등록 외국인을 유형별 비율로 살펴보면, 전체적으로 단순 기능 인력, 결혼 이민자, 유학생 비율이 증가하였다. 단순 기능 인력의 비율은 1990년대의 산업연수생 제도로 인하여 2000년대 초반까지 급격히 증가하여 67%까지 높아지다가, 2000년대 들어 결혼 이민자와 유학

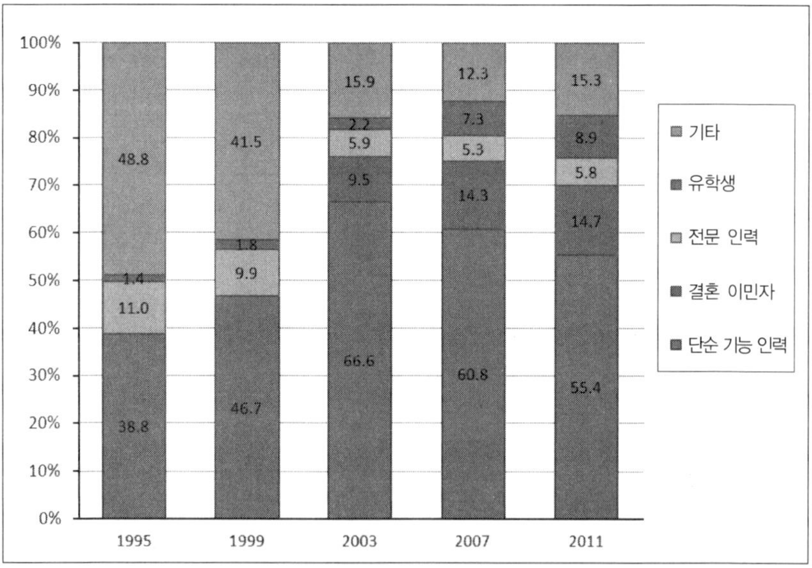


**그림 3-3** 등록 외국인의 유형별 비율 추이

자료: 법무부 출입국·외국인정책본부 통계연보. 행정안전부 외국인 주민 현황.

생의 증가로 다시 낮아지는 형태를 보였다. 그러나 단순 기능 인력은 2011년에 55%를 차지함으로써 여전히 가장 높은 비율을 보이고 있다.

이러한 비율을 볼 때, 결혼 이민자의 비율은 결혼 귀화자를 고려하여야 한다. 결혼 이민자는 일정 기간이 지나 귀화 요건이 갖추어지면 대부분 귀화를 하게 된다. 혼인 귀화자를 고려한다면 결혼 이민자의 실제 비율은 훨씬 높게 나타난다. 2011년 기준으로 혼인 귀화자를 등록 외국인 수에 포함시켜 결혼 이민자의 비율을 계산하면 20.8%로 나타난다.

### 3) 국적별 등록 외국인의 추이

국적별로 등록 외국인의 추이를 살펴보았다. 여기에서 일명 조선족이라고 불리는 한국계 중국인은 국적상 중국인이지만, 중국인과는 다른 우리나라와의 민족적 연계성 및 그로 인한 체류 특성을 고려하여 다른 중국인(한족, 만주족 등)과 구분하였다.[12] 추이는 4년 단위로 하여 5개 시점에서 살펴보았다.

1999년까지 등록 외국인은 국적별로 큰 차이를 보이지 않다가 2000년대에 전체 등록 외국인이 증가하면서 국적별로 편차가 커졌다. 우리나라의 등록 외국인은 2011년 기준으로 한국계 중국인이 가장 많고, 다음으로 중국, 베트남, 필리핀 순으로 이어진다. 한국계 중국인은 전체 외국인의 약 40%를 차지하여 가장 높은 비율을 차지하고 있다. 한

12) 법무부 또한 1991년부터 한국계 중국인을 중국인과 분리하여 별도로 집계를 수집하였고, 현재 행정안전부의 외국인 주민 현황에서도 별도로 취급되고 있다.

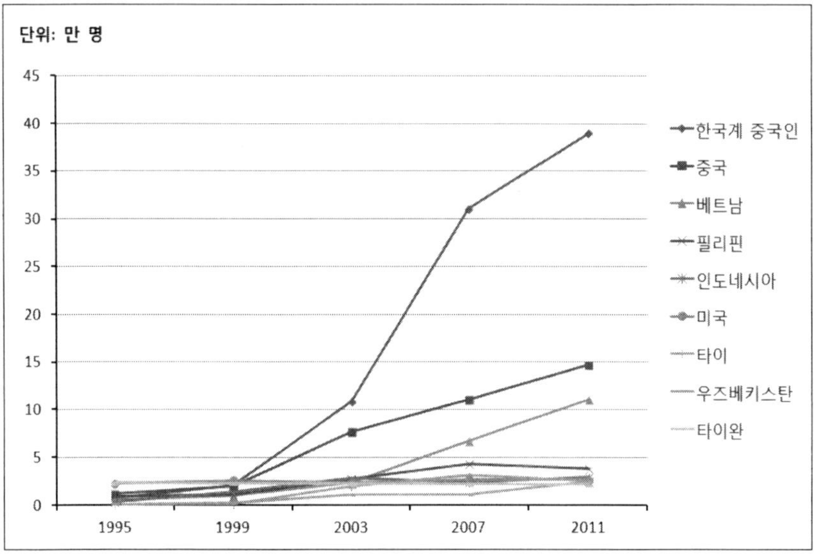


**그림 3-4** 국적별 등록 외국인 수 변화

자료: 법무부 출입국·외국인정책본부 통계연보.

국계 중국인은 동일한 언어를 사용하고 있고 문화도 유사한 재외 동포로서, 오래전부터 다른 국가 출신 외국인보다 한국을 이주 국가로 결정하기 용이하였다. 또한 우리나라 정부는 김영삼 정부부터 재외 동포 정책을 수립하고 개선하면서 한국계 중국인을 포함한 재외 동포에 대하여 국내 취업을 포함한 여러 측면에서 우대 정책을 실시해 왔다. 특히 2003년의 고용허가제와 2007년의 방문취업제는 한국계 중국인의 이주를 증가시키는 데 큰 역할을 하였다.

2000년대에 한국계 중국인 외에 중국인과 베트남인이 높은 증가율을 나타냈다. 5개 시점별로 살펴보면, 1995년에는 타이완인과 미국인이 전체 등록 외국인에서 20% 정도를 차지하여 가장 많았고, 다음으로 중국인과 필리핀인이 10% 정도로 많았다. 1999년까지 미국인과 타이완인이 가장 많은 비율을 차지한 가운데, 한국계 중국인이 빠르게 증가하였다. 2003년에는 한국계 중국인과 중국인이 급속도로 증가하는 가운데 기타 동남아시아 국가 출신의 외국인도 늘어났다. 그로 인하여 미국인과 타이완인의 비율은 낮아지게 되었다. 2007년에는 한국계 중국인이 40%를 넘어섰고, 중국인도 15% 정도까지 증가한 가운데, 베트남인도 상대적으로 높은 증가율을 보였다. 한국계 중국인, 중국인, 베트남인은 지속적으로 증가하여 2011년에는 이들 3개 민족이 전체 외국인의 65%를 넘어섰다.

중국인은 지리적 접근성, 인종적 유사성과 동일한 문화권이라는 점에서 우리나라를 이주 대상으로 선택한 것으로 보인다. 그리고 베트남은 동일한 유교문화권이고 1992년 수교 이후 한국 문화의 진출이 활발히 진행되어 한국에 대한 인지도가 높아 많은 이주가 이루어진 것으로 보인다(류주현, 2012).

2011년 기준으로 국적별, 체류 유형별로 교차 분석해 보았다. 분석 결과, 국적별로 우리나라에 체류 및 거주하는 목적에서 차이가 있음을 알 수 있다. 한국계 중국인과 인도네시아, 타이, 우즈베키스탄 국적의 외국인은 모두 75% 이상이 단순 기능 인력 자격으로 국내에 거주하고 있는 것으로 나타났다. 이에 비하여, 베트남인과 필리핀인은 단순 기능 인력 유형이 50%로 가장 높은 비율을 차지하는 가운데, 결혼 이민자 비율도 상당히 높은 것으로 나타났다. 반면, 중국인은 유학생의 비율이 40% 이상을 차지하고 있고, 결혼 이민자가 24% 정도를 차지

**표 3-4** 국적별 등록 외국인 수 변화

(단위: 명, %)

| 구분 | 1995년 | | 1999년 | | 2003년 | | 2007년 | | 2011년 | |
|---|---|---|---|---|---|---|---|---|---|---|
| | 인구 수 | 비중 | 인구 수 | 비중 | 인구 수 | 비중 | 인구 수 | 비중 | 인구 수 | 비중 |
| 총계 | 110,028 | 100 | 168,950 | 100 | 437,954 | 100 | 765,746 | 100 | 982,461 | 100 |
| 한국계 중국인 | 7,367 | 6.7 | 20,305 | 12.0 | 108,283 | 24.7 | 310,485 | 40.5 | 389,398 | 39.6 |
| 중국 | 11,825 | 10.7 | 19,413 | 11.5 | 77,202 | 17.6 | 111,008 | 14.5 | 147,301 | 15.0 |
| 베트남 | 5,663 | 5.1 | 10,021 | 5.9 | 23,315 | 5.3 | 67,197 | 8.8 | 110,564 | 11.3 |
| 필리핀 | 9,004 | 8.2 | 10,797 | 6.4 | 27,562 | 6.3 | 42,939 | 5.6 | 38,366 | 3.9 |
| 인도네시아 | 3,434 | 3.1 | 13,635 | 8.1 | 28,349 | 6.5 | 23,698 | 3.1 | 29,573 | 3.0 |
| 미국 | 22,214 | 20.2 | 25,827 | 15.3 | 23,208 | 5.3 | 26,673 | 3.5 | 26,466 | 2.7 |
| 타이 | 478 | 0.4 | 1,843 | 1.1 | 19,996 | 4.6 | 31,745 | 4.1 | 25,977 | 2.6 |
| 우즈베키스탄 | 810 | 0.7 | 2,327 | 1.4 | 10,697 | 2.4 | 10,916 | 1.4 | 24,380 | 2.5 |
| 타이완 | 23,265 | 21.1 | 22,985 | 13.6 | 22,585 | 5.2 | 22,047 | 2.9 | 21,381 | 2.2 |
| 몽골 | 36 | 0.0 | 531 | 0.3 | 9,218 | 2.1 | 20,473 | 2.7 | 21,278 | 2.2 |
| 기타 | 25,932 | 23.6 | 41,266 | 24.4 | 87,539 | 20.0 | 98,565 | 12.9 | 147,777 | 15.0 |

자료: 법무부 출입국·외국인정책본부 통계연보.

하는 것으로 나타났다. 미국인은 전문 인력 유형이 60%를 차지하여 다른 분포 형태를 보이고 있다.

이러한 국적별, 체류 유형별 분포는 몇 가지 특징을 보여준다. 우선, 국내에 체류하는 외국인의 출신 국가에 따라 노동의 양극화가 나타나고 있음을 보여준다. 단순 기능 인력은 동남아시아 국가를 중심으로 한 저개발국 출신 이민자들이 차지하고, 전문 인력은 미국을 중심으로 선진국 출신 이민자들이 차지하고 있다. 이러한 결과는 최재헌·강민조(2003)가 2000년 전후를 대상으로 한 분석 결과와 일치한다. 다음으

**표 3-5** 국적별, 체류 유형별 등록 외국인 수 현황(2011년 기준) (단위: 명, %)

| | | 단순 기능 인력 | | 결혼 이민자 | | 전문 인력 | | 유학생 | | 기타 | | 총계 |
|---|---|---|---|---|---|---|---|---|---|---|---|---|
| | | 계 | 비중 | 계 | 비중 | 계 | 비중 | 계 | 비중 | 계 | 비중 | 계 |
| 한국계 중국인 | 계 | 295,466 | 75.9 | 29,184 | 7.5 | 502 | 0.1 | 2,208 | 0.6 | 62,038 | 15.9 | 389,398 |
| | 남 | 160,757 | 79.8 | 7,558 | 3.7 | 294 | 0.1 | 1,042 | 0.5 | 31,902 | 15.8 | 201,553 |
| | 여 | 134,709 | 71.7 | 21,626 | 11.5 | 208 | 0.1 | 1,166 | 0.6 | 30,136 | 16.0 | 187,845 |
| 중국 | 계 | 14,306 | 9.7 | 34,906 | 23.7 | 10,380 | 7.0 | 62,323 | 42.3 | 25,386 | 17.2 | 147,301 |
| | 남 | 12,136 | 18.9 | 3,891 | 6.1 | 6,950 | 10.8 | 29,827 | 46.5 | 11,367 | 17.7 | 64,171 |
| | 여 | 2,170 | 2.6 | 31,015 | 37.3 | 3,430 | 4.1 | 32,496 | 39.1 | 14,019 | 16.9 | 83,130 |
| 베트남 | 계 | 63,882 | 57.8 | 37,302 | 33.7 | 603 | 0.5 | 3,027 | 2.7 | 5,750 | 5.2 | 110,564 |
| | 남 | 56,586 | 93.7 | 181 | 0.3 | 468 | 0.8 | 1,709 | 2.8 | 1,446 | 2.4 | 60,390 |
| | 여 | 7,296 | 14.5 | 37,121 | 74.0 | 135 | 0.3 | 1,318 | 2.6 | 4,304 | 8.6 | 50,174 |
| 필리핀 | 계 | 23,279 | 60.7 | 8,292 | 21.6 | 1,089 | 2.8 | 522 | 1.4 | 5,184 | 13.5 | 38,366 |
| | 남 | 19,324 | 89.9 | 226 | 1.1 | 877 | 4.1 | 216 | 1.0 | 857 | 4.0 | 21,500 |
| | 여 | 3,955 | 23.4 | 8,066 | 47.8 | 212 | 1.3 | 306 | 1.8 | 4,327 | 25.7 | 16,866 |
| 인도네시아 | 계 | 27,728 | 93.8 | 506 | 1.7 | 276 | 0.9 | 609 | 2.1 | 454 | 1.5 | 29,573 |
| | 남 | 26,111 | 97.1 | 55 | 0.2 | 232 | 0.9 | 317 | 1.2 | 168 | 0.6 | 26,883 |
| | 여 | 1,617 | 60.1 | 451 | 16.8 | 44 | 1.6 | 292 | 10.9 | 286 | 10.6 | 2,690 |
| 미국 | 계 | 4 | 0.0 | 2,408 | 9.1 | 15,117 | 57.1 | 925 | 3.5 | 8,012 | 30.3 | 26,466 |
| | 남 | 3 | 0.0 | 1,806 | 11.1 | 9,517 | 58.3 | 551 | 3.4 | 4,441 | 27.2 | 16,318 |
| | 여 | 1 | 0.0 | 602 | 5.9 | 5,600 | 55.2 | 374 | 3.7 | 3,571 | 35.2 | 10,148 |
| 타이 | 계 | 22,220 | 85.5 | 2,593 | 10.0 | 378 | 1.5 | 402 | 1.5 | 384 | 1.5 | 25,977 |
| | 남 | 18,752 | 97.3 | 42 | 0.2 | 250 | 1.3 | 107 | 0.6 | 114 | 0.6 | 19,265 |
| | 여 | 3,468 | 51.7 | 2,551 | 38.0 | 128 | 1.9 | 295 | 4.4 | 270 | 4.0 | 6,712 |
| 우즈베키스탄 | 계 | 21,016 | 86.2 | 1,838 | 7.5 | 162 | 0.7 | 622 | 2.6 | 742 | 3.0 | 24,380 |
| | 남 | 17,469 | 94.3 | 52 | 0.3 | 131 | 0.7 | 513 | 2.8 | 354 | 1.9 | 18,519 |
| | 여 | 3,547 | 60.5 | 1,786 | 30.5 | 31 | 0.5 | 109 | 1.9 | 388 | 6.6 | 5,861 |
| 타이완 | 계 | 132 | 0.6 | 514 | 2.4 | 233 | 1.1 | 568 | 2.7 | 19,934 | 93.2 | 21,381 |
| | 남 | 17 | 0.2 | 76 | 0.7 | 168 | 1.5 | 79 | 0.7 | 10,926 | 97.0 | 11,266 |
| | 여 | 115 | 1.1 | 438 | 4.3 | 65 | 0.6 | 489 | 4.8 | 9,008 | 89.1 | 10,115 |
| 몽골 | 계 | 10,793 | 50.7 | 2,387 | 11.2 | 459 | 2.2 | 4,882 | 22.9 | 2,757 | 13.0 | 21,278 |
| | 남 | 8,887 | 72.8 | 58 | 0.5 | 189 | 1.5 | 1,716 | 14.1 | 1,361 | 11.1 | 12,211 |
| | 여 | 1,906 | 21.0 | 2,329 | 25.7 | 270 | 3.0 | 3,166 | 34.9 | 1,396 | 15.4 | 9,067 |

자료: 법무부 출입국·외국인정책본부 통계연보.

로 결혼 이민자들은 중국인과 베트남 등 유교권 국가에서 주로 이주하는 것으로 보아 문화적인 영향이 큰 것으로 보인다. 마지막으로 유학생은 중국과 몽골 학생들이 많아, 이들 국가에서 한국 유학에 대한 관심이 높은 것으로 보인다.

다음으로, 국적 취득자와 혼인 귀화자의 국적별 분포를 살펴보았다. 2011년 말, 외국인의 대한민국 국적 취득자는 123,513명이고, 국적 또는 민족은 한국계 중국인이 68,612명로 절반 이상을 차지하는 것으로 나타났다. 다음으로 중국인이 30,926명, 베트남인이 10,452명, 필리핀인이 5,537명으로 많았다. 이러한 순서는 등록 외국인과 동일한 순

**표 3-6** 국적별 국적 취득자(귀화자) 수 현황(2011년 말 기준) (단위: 명)

| 구분 | 전체 국적 취득자 | | | 혼인 귀화자 | | | 기타 국적 취득자 | | |
|---|---|---|---|---|---|---|---|---|---|
| | 계 | 남 | 여 | 계 | 남 | 여 | 계 | 남 | 여 |
| 계 | 123,513 | 22,829 | 100,684 | 76,473 | 4,268 | 72,205 | 47,040 | 18,561 | 28,479 |
| 한국계 중국인 | 68,612 | 15,140 | 53,472 | 37,226 | 2,250 | 34,976 | 31,386 | 12,890 | 18,496 |
| 중국 | 30,926 | 4,988 | 25,938 | 19,764 | 982 | 18,782 | 11,162 | 4,006 | 7,156 |
| 베트남 | 10,452 | 71 | 10,381 | 10,083 | 17 | 10,066 | 369 | 54 | 315 |
| 필리핀 | 5,537 | 138 | 5,399 | 5,134 | 52 | 5,082 | 403 | 86 | 317 |
| 타이완 | 1,876 | 798 | 1,078 | 801 | 257 | 544 | 1,075 | 541 | 534 |
| 캄보디아 | 755 | 7 | 748 | 729 | 3 | 726 | 26 | 4 | 22 |
| 몽골 | 681 | 58 | 623 | 506 | 3 | 503 | 175 | 55 | 120 |
| 러시아 | 628 | 178 | 450 | 170 | 14 | 156 | 458 | 164 | 294 |
| 일본 | 560 | 185 | 375 | 230 | 33 | 197 | 330 | 152 | 178 |
| 미국 | 339 | 184 | 155 | 9 | 3 | 6 | 330 | 181 | 149 |
| 기타 | 3,147 | 1,082 | 2,065 | 1,821 | 654 | 1,167 | 1,326 | 428 | 898 |

자료: 행정안전부 2012년 지방자치단체 외국인 주민 현황 조사 결과.

서로, 등록 외국인이 국내에 거주하면서 일정 조건을 충족한 후 한국 국적을 취득하는 것을 알 수 있다.

혼인 귀화자의 국적을 살펴보면, 마찬가지로 한국계 중국인이 37,226명으로 가장 많았고, 다음으로 중국인, 베트남인, 필리핀인 등의 순서로 많았다. 혼인 귀화자는 전체 76,473명으로 국적 취득자의 62%를 차지하고 있어, 상당수의 외국인이 혼인을 통하여 우리나라 국적을 취득하는 것 알 수 있다. 그리고 혼인 귀화자의 성별 인구 수를 보면 여성이 72,205명이고, 남성이 4,268명으로 절대적으로 여성 비율이 높게 나타났다.

## 2. 외국인의 거주지 분포

지역별로 외국인의 분포에 대하여 살펴보았다. 먼저, 시・도별로 등록 외국인의 분포 현황을 보면, 2011년에 경기도, 서울, 인천에 각각 302,447명, 279,220명, 50,217명이 거주하는 것으로 나타나 대부분 수도권에 집중되어 있음을 알 수 있다. 2011년 기준으로 이 세 지역의 등록 외국인이 전국의 등록 외국인에서 차지하는 비율은 64.3%를 차지한다. [그림 3-5]에서도 볼 수 있듯이 경기도와 서울시의 등록 외국인 수는 다른 지역과 확연하게 차이를 보인다. 이러한 차이는 2000년대 들어 지속적으로 커지는 양상을 보인다. 외국인의 증가는 지방보다는 수도권에서 이루어지고 있음을 알 수 있는 부분이다. 그러한 가운데 경상남도, 충청남도를 중심으로 일부 지방에서도 등록 외국인 수가

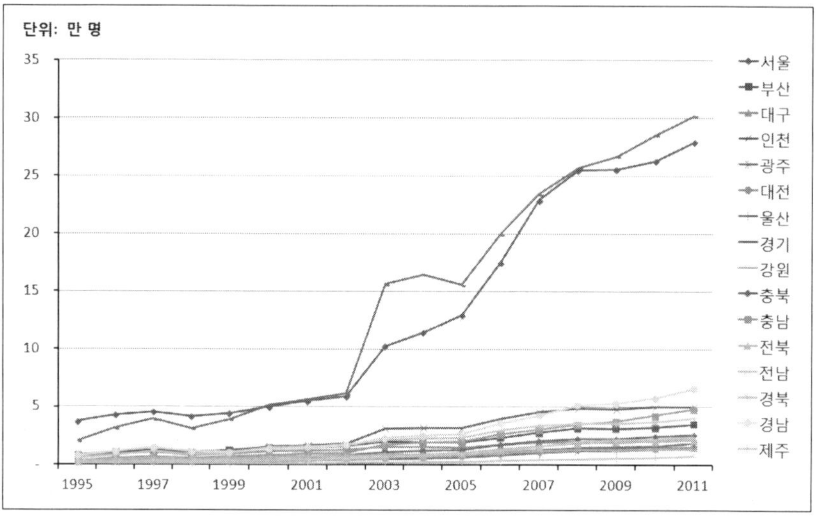


**그림 3-5** 시·도별 등록 외국인 수 추이

자료: 법무부 출입국·외국인정책본부 통계연보.

**표 3-7** 시·도별 등록 외국인 수 변화 추이 (단위: 명, %)

| 구분 | 1995년 | | 1999년 | | 2003년 | | 2007년 | | 2011년 | |
|---|---|---|---|---|---|---|---|---|---|---|
| | 인구 수 | 비중 | 인구 수 | 비중 | 인구 수 | 비중 | 인구 수 | 비중 | 인구 수 | 비중 |
| 전국 | 110,028 | 0.24 | 168,950 | 0.36 | 437,954 | 0.91 | 765,746 | 1.55 | 982,461 | 1.94 |
| 서울 | 37,507 | 0.36 | 44,485 | 0.43 | 102,886 | 1.01 | 229,100 | 2.25 | 279,220 | 2.72 |
| 부산 | 7,881 | 0.20 | 12,208 | 0.32 | 19,716 | 0.53 | 27,678 | 0.77 | 35,116 | 0.99 |
| 대구 | 7,155 | 0.29 | 9,099 | 0.36 | 15,267 | 0.60 | 19,409 | 0.78 | 22,014 | 0.88 |
| 인천 | 7,752 | 0.33 | 11,923 | 0.48 | 31,091 | 1.21 | 45,464 | 1.71 | 50,217 | 1.79 |
| 광주 | 1,330 | 0.10 | 2,239 | 0.17 | 4,934 | 0.35 | 10,011 | 0.71 | 14,106 | 0.96 |
| 대전 | 2,977 | 0.24 | 3,790 | 0.28 | 6,306 | 0.44 | 12,177 | 0.83 | 15,047 | 0.99 |
| 울산 | – | – | 2,541 | 0.25 | 5,964 | 0.56 | 12,887 | 1.17 | 18,421 | 1.62 |
| 경기 | 20,282 | 0.26 | 38,830 | 0.43 | 156,145 | 1.53 | 234,292 | 2.11 | 302,447 | 2.53 |
| 강원 | 1,777 | 0.12 | 3,635 | 0.23 | 6,324 | 0.41 | 11,944 | 0.79 | 13,332 | 0.87 |

| 충북 | 2,655 | 0.18 | 4,771 | 0.32 | 10,914 | 0.73 | 20,733 | 1.38 | 25,730 | 1.65 |
|---|---|---|---|---|---|---|---|---|---|---|
| 충남 | 3,058 | 0.17 | 6,507 | 0.34 | 17,379 | 0.91 | 30,553 | 1.53 | 48,091 | 2.29 |
| 전북 | 2,874 | 0.14 | 4,693 | 0.23 | 8,404 | 0.43 | 16,151 | 0.87 | 21,851 | 1.17 |
| 전남 | 1,277 | 0.06 | 2,839 | 0.13 | 6,599 | 0.33 | 15,126 | 0.78 | 23,797 | 1.24 |
| 경북 | 5,323 | 0.19 | 10,287 | 0.37 | 21,303 | 0.78 | 33,706 | 1.26 | 39,984 | 1.48 |
| 경남 | 7,614 | 0.19 | 10,372 | 0.34 | 23,155 | 0.74 | 42,385 | 1.33 | 65,960 | 1.99 |
| 제주 | 566 | 0.11 | 731 | 0.14 | 1,567 | 0.28 | 4,130 | 0.74 | 7,128 | 1.24 |

주: 1997년 울산광역시 승격.
자료: 법무부 출입국·외국인정책본부 통계연보.

상대적으로 높게 증가하고 있다.

등록 외국인 수의 증가를 인구 비중으로 살펴보면, [그림 3-6]에서 볼 수 있듯이 여전히 서울과 경기도의 등록 외국인의 비중이 높지만

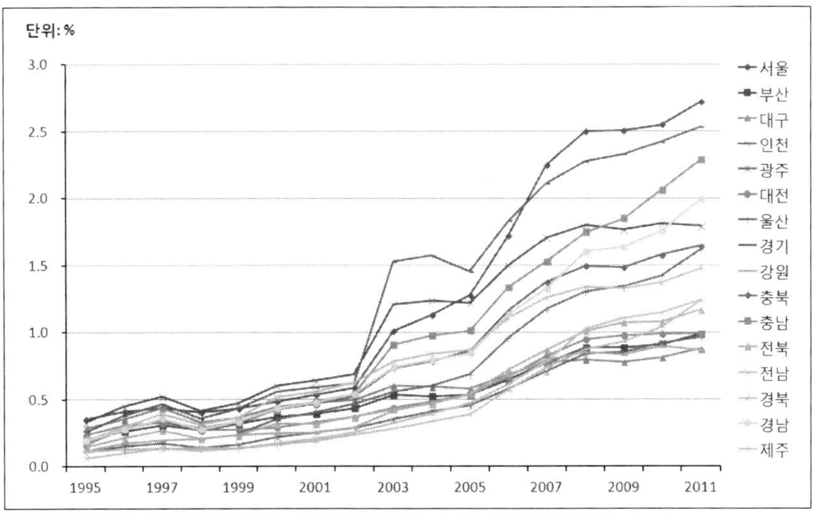


**그림 3-6** 시·도별 등록 외국인 비율 추이

자료: 법무부 출입국·외국인정책본부 통계연보.

등록 외국인 수만큼 크게 나타나지 않았다. 등록 외국인의 비율은 서울시가 2.72%로 가장 높게 나타났고, 다음으로 경기도가 2.53%로 나타났다. 그러나 충청남도가 2.29%, 경상남도가 1.99%로 나타나 서울시나 경기도와 차이가 절대 수치만큼 크게 나타나지 않았다.

전체적으로 등록 외국인은 절대 수치와 비율 모든 측면에서 수도권에 집중되어 있음을 알 수 있다. 내국인보다 더 수도권에 몰리는 이유는 수도권에 취업 기회가 집중되어 있고, 또 한편으로는 우리나라의 지리에 대한 정보가 부족하기 때문인 것으로 판단된다.

외국인의 거주 분포를 좀 더 세부적으로 살펴보기 위하여, 등록 외국인 수가 많은 상위 10개 기초자치단체를 시기별로 나열해 보았다. 2011년에는 경기도 안산시가 44,316명으로 등록 외국인 수가 가장 많았고, 다음으로 서울시 영등포구, 구로구, 경기도 수원시, 화성시, 서울시 금천구, 경기도 시흥시 등으로 이어졌다. 이러한 분포는 1995년과 비교하면 상당히 대비된다. 1995년에는 서울시 용산구가 6,414명으로 가장 많은 외국인이 거주하고 있었고, 다음으로 서울시 강남구, 서대문구, 경기도 안산시, 서울시 서초구 등의 순서로 이어졌다. 외국인의 증가와 함께 외국인 밀집 지역이 변화된 것을 알 수 있다.

전국 지방자치단체의 등록 외국인 수는 평균적으로 4,246명이고 표준편차는 6,225명으로 지역별로 편차가 크다는 것을 알 수 있다. 그러나 이러한 지역별 편차는 1995년에도 비슷한 수준이었다. 2011년과 1995년을 비교하기 위하여 변이계수를 도출한 결과 1.47과 1.5로 나타나 17년간 큰 변화는 일어나지 않았다.

**표 3-8** 연도별 기초자치단체 등록 외국인 수 순위 (단위: 명)

| 순위 | 1995년 | 1999년 | 2003년 | 2007년 | 2011년 |
|---|---|---|---|---|---|
| | 지역/ 외국인 수 | 지역/ 외국인 수 | 지역/ 외국인 수 | 지역/ 외국인 수 | 지역/ 외국인 수 |
| 1 | 서울 용산구 (6,414) | 서울 용산구 (8,227) | 경기 안산시 (20,062) | 서울 영등포구 (30,973) | 경기 안산시 (44,316) |
| 2 | 서울 강남구 (4,459) | 경기 안산시 (6,379) | 경기 화성시 (13,691) | 경기 안산시 (29,673) | 서울 영등포구 (42,112) |
| 3 | 서울 서대문구 (4,131) | 서울 서대문구 (5,457) | 경기 시흥시 (11,113) | 서울 구로구 (24,553) | 서울 구로구 (31,440) |
| 4 | 경기 안산시 (3,337) | 서울 강남구 (4,964) | 인천 남동구 (10,261) | 경기 화성시 (20,860) | 경기 수원시 (29,708) |
| 5 | 서울 서초구 (2,969) | 인천 남동구 (4,519) | 서울 용산구 (8,852) | 경기 수원시 (19,293) | 경기 화성시 (27,079) |
| 6 | 서울 중구 (2,508) | 경기 부천시 (4,405) | 경기 성남시 (8,422) | 서울 금천구 (15,215) | 서울 금천구 (20,818) |
| 7 | 서울 송파구 (2,236) | 서울 서초구 (4,011) | 경기 부천시 (8,346) | 서울 관악구 (15,195) | 경기 시흥시 (20,167) |
| 8 | 서울 마포구 (2,181) | 경기 성남시 (3,608) | 경기 포천시 (8,273) | 경기 시흥시 (14,864) | 서울 관악구 (19,960) |
| 9 | 경기 성남시 (2,181) | 경남 창원시 (3,156) | 경기 용인시 (8,261) | 경기 성남시 (14,243) | 경기 성남시 (17,126) |
| 10 | 대구 서구 (2,116) | 충남 천안시 (3,035) | 경기 김포시 (8,124) | 경기 용인시 (13,359) | 경기 부천시 (17,048) |
| **평균** | **534.0** | **884.2** | **1,867.6** | **3,299.3** | **4,246.5** |
| **표준편차** | **801.8** | **1,164.9** | **2,644.1** | **4,650.5** | **6,224.8** |
| **변이계수** | **1.50** | **1.32** | **1.42** | **1.41** | **1.47** |

주: 평균, 표준편차, 변이계수는 전체 기초자치단체에 대한 수치임. 변이계수는 표준편차/평균으로 도출함.

자료: 통계청 국가통계포털(KOSIS).

**표 3-9** 연도별 기초자치단체별 등록 외국인 비중 순위 (단위: %)

| 순위 | 1995년 | | 1999년 | | 2003년 | | 2007년 | | 2011년 | |
|---|---|---|---|---|---|---|---|---|---|---|
| | 지역 | 비중 | 지역 | 비중 | 지역 | 비중 | 지역 | 비중 | 지역 | 비중 |
| | 전국 | 0.27 | 전국 | 0.44 | 전국 | 0.90 | 전국 | 1.53 | 전국 | 1.90 |
| 1 | 인천 중구 | 2.64 | 서울 용산구 | 3.35 | 경기 화성시 | 5.48 | 서울 종로구 | 4.60 | 서울 영등포구 | 9.58 |
| 2 | 서울 용산구 | 2.46 | 인천 중구 | 3.10 | 경기 포천시 | 5.22 | 서울 중구 | 5.38 | 서울 금천구 | 7.88 |
| 3 | 서울 중구 | 1.72 | 경기 양주시 | 2.23 | 경기 양주시 | 4.80 | 서울 용산구 | 5.05 | 전남 영암군 | 7.12 |
| 4 | 서울 서대문구 | 1.11 | 서울 중구 | 2.17 | 경기 김포시 | 3.84 | 서울 성동구 | 2.37 | 서울 구로구 | 6.85 |
| 5 | 대전 유성구 | 1.04 | 경기 화성시 | 1.49 | 서울 용산구 | 3.68 | 서울 광진구 | 2.54 | 부산 강서구 | 6.69 |
| 6 | 경기 양주시 | 0.88 | 서울 서대문구 | 1.47 | 경기 광주시 | 3.34 | 서울 동대문구 | 2.44 | 경기 포천시 | 6.47 |
| 7 | 서울 종로구 | 0.80 | 경북 칠곡군 | 1.45 | 충북 진천군 | 3.15 | 서울 중랑구 | 1.00 | 서울 중구 | 5.92 |
| 8 | 서울 강남구 | 0.80 | 서울 종로구 | 1.20 | 서울 중구 | 3.06 | 서울 성북구 | 1.55 | 경기 안산시 | 5.83 |
| 9 | 서울 서초구 | 0.73 | 충북 진천군 | 1.19 | 경기 안산시 | 2.99 | 서울 강북구 | 0.92 | 충북 음성군 | 5.51 |
| 10 | 경기 안산시 | 0.66 | 경기 안산시 | 1.15 | 경기 시흥시 | 2.93 | 서울 도봉구 | 0.68 | 서울 종로구 | 5.09 |
| 평균 | 0.22 | | 0.40 | | 0.83 | | 1.41 | | 1.73 | |
| 표준편차 | 0.31 | | 0.43 | | 0.85 | | 1.18 | | 1.43 | |
| 변이계수 | 1.36 | | 1.09 | | 1.02 | | 0.83 | | 0.82 | |

주: 평균, 표준편차, 변이계수는 전체 기초자치단체에 대한 수치임. 변이계수는 평균/표준편차로 도출함.

자료: 통계청 국가통계포털(KOSIS).

기초자치단체별로 등록 외국인의 비중을 살펴보면, 2011년 기준으로 서울시 영등포구가 9.58%로 가장 높고, 다음으로 서울 금천구, 전남 영암군, 서울 구로구, 부산 강서구 등의 순서로 이어졌다. 1995년에는 인천 중구가 2.64%로 가장 높았고, 다음으로 서울 용산구, 중구, 서대문구, 대전 유성구 등으로 이어졌다. 지역별로 등록 외국인의 비중 평균과 표준편차는 2011년에 각각 1.73%와 1.43%이고, 1995년에는 각각 0.22%와 0.31%였다. 두 시기를 비교하기 위하여 변이계수를 계산한 결과 2011년에는 0.82이고 1995년에는 1.36이었다. 이러한 결과를 통하여 과거에 비하여 지역별로 비중의 편차가 줄어들었음을 알 수 있다.

등록 외국인의 체류 유형에 따라 시·도별 분포에 대하여 살펴보았

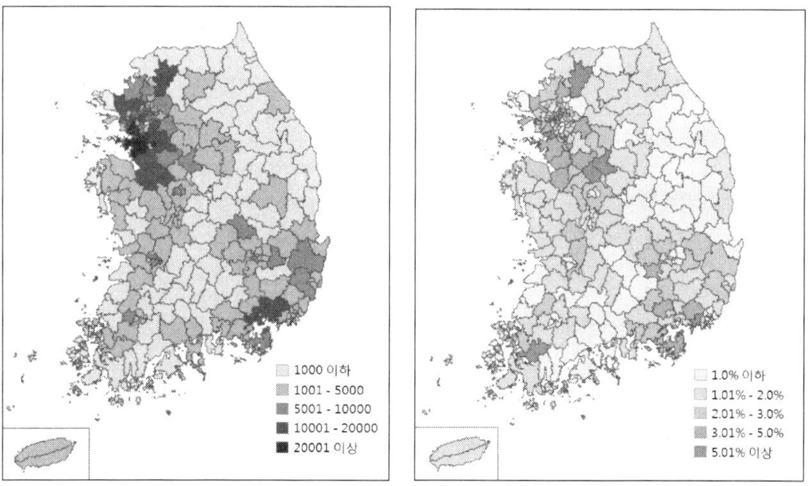


**그림 3-7** 전국 시·군·구별 등록 외국인 분포 및 비중 현황(2011)

자료: 법무부 출입국·외국인정책본부 통계연보.

**표 3-10** 시·도별 등록 외국인 체류 유형별 분포(2011년 말 기준) (단위: %)

| 지역 | 총계 | | 단순 기능 인력 | | 결혼 이민자 | | 전문 인력 | | 유학생 | | 기타 | |
|---|---|---|---|---|---|---|---|---|---|---|---|---|
| | 인구 수 | 비중 | 인구 수 | 비중 | 인구 수 | 비중 | 인구 수 | 비중 | 인구 수 | 비중 | 인구 수 | 비중 |
| 전국 | 982,461 | 100 | 544,440 | 100 | 144,214 | 100 | 56,659 | 100 | 87,292 | 100 | 149,856 | 100 |
| 서울 | 279,220 | 28.4 | 137,182 | 25.2 | 31,217 | 21.6 | 19,666 | 34.7 | 29,116 | 33.4 | 62,039 | 41.4 |
| 부산 | 35,116 | 3.6 | 13,712 | 2.5 | 6,498 | 4.5 | 3,228 | 5.7 | 6,277 | 7.2 | 5,401 | 3.6 |
| 대구 | 22,014 | 2.2 | 9,231 | 1.7 | 4,241 | 2.9 | 1,991 | 3.5 | 3,068 | 3.5 | 3,483 | 2.3 |
| 인천 | 50,217 | 5.1 | 28,931 | 5.3 | 8,202 | 5.7 | 2,233 | 3.9 | 2,117 | 2.4 | 8,734 | 5.8 |
| 광주 | 14,106 | 1.4 | 5,305 | 1.0 | 2,966 | 2.1 | 1,071 | 1.9 | 3,095 | 3.5 | 1,669 | 1.1 |
| 대전 | 15,047 | 1.5 | 2,159 | 0.4 | 3,359 | 2.3 | 1,925 | 3.4 | 5,414 | 6.2 | 2,190 | 1.5 |
| 울산 | 18,421 | 1.9 | 10,490 | 1.9 | 2,627 | 1.8 | 2,005 | 3.5 | 573 | 0.7 | 2,726 | 1.8 |
| 경기 | 302,447 | 30.8 | 199,335 | 36.6 | 38,953 | 27.0 | 11,054 | 19.5 | 10,394 | 11.9 | 42,711 | 28.5 |
| 강원 | 13,332 | 1.4 | 4,615 | 0.8 | 3,837 | 2.7 | 947 | 1.7 | 2,321 | 2.7 | 1,612 | 1.1 |
| 충북 | 25,730 | 2.6 | 14,838 | 2.7 | 4,511 | 3.1 | 976 | 1.7 | 3,279 | 3.8 | 2,126 | 1.4 |
| 충남 | 48,091 | 4.9 | 28,933 | 5.3 | 7,413 | 5.1 | 1,714 | 3.0 | 6,381 | 7.3 | 3,650 | 2.4 |
| 전북 | 21,851 | 2.2 | 8,377 | 1.5 | 5,765 | 4.0 | 1,061 | 1.9 | 4,124 | 4.7 | 2,524 | 1.7 |
| 전남 | 23,797 | 2.4 | 12,047 | 2.2 | 6,758 | 4.7 | 1,029 | 1.8 | 2,099 | 2.4 | 1,864 | 1.2 |
| 경북 | 39,984 | 4.1 | 22,073 | 4.1 | 7,109 | 4.9 | 1,979 | 3.5 | 5,730 | 6.6 | 3,093 | 2.1 |
| 경남 | 65,960 | 6.7 | 44,429 | 8.2 | 9,133 | 6.3 | 5,006 | 8.8 | 2,378 | 2.7 | 5,014 | 3.3 |
| 제주 | 7,128 | 0.7 | 2,783 | 0.5 | 1,625 | 1.1 | 774 | 1.4 | 926 | 1.1 | 1,020 | 0.7 |

자료: 법무부 출입국·외국인정책본부 통계연보.

다. 먼저, 체류 유형 중 가장 많은 수를 차지하는 단순 기능 인력은 경기도에 36.6%, 서울시에 25.2%가 거주하는 것으로 나타나, 60% 이상이 수도권에 분포하는 것으로 나타났다. 그리고 경상남도에 8.2%가 거주하는 것으로 나타나 노동 인력을 필요로 하는 공단 근처에 거주하는 것을 유추할 수 있다.

다음으로 결혼 이민자는 경기도에 27%, 서울시에 21.6%, 인천에 5.7%가 거주하는 것으로 나타나, 결혼 이민자 또한 수도권에 집중되어 있음을 알 수 있다. 전문 인력은 서울시에 34.7%, 경기도에 19.5%가 거주하는 것으로 나타났다. 유학생은 서울시에 33.4%, 경기도에 11.9%가 거주하는 것으로 나타났다. 네 유형을 비교하면 단순 기능 인력과 결혼 이민자는 서울시보다는 경기도에 더 집중되어 있고, 반면

**표 3-11** 시·도별 국적 취득자 유형별 분포(2011년 말 기준) (단위: 명, %)

| 구분 | 국적 취득자 | | 혼인 귀화자 | | 기타 사유 국적 취득자 | |
|---|---|---|---|---|---|---|
| | 인구 수 | 비중 | 인구 수 | 비중 | 인구 수 | 비중 |
| 전국 | 123,513 | 100 | 76,473 | 100 | 47,040 | 100 |
| 서울 | 39,164 | 31.7 | 17,380 | 22.7 | 21,784 | 46.3 |
| 부산 | 3,807 | 3.1 | 3,165 | 4.1 | 642 | 1.4 |
| 대구 | 2,423 | 2.0 | 2,024 | 2.6 | 399 | 0.8 |
| 인천 | 7,827 | 6.3 | 4,850 | 6.3 | 2,977 | 6.3 |
| 광주 | 1,624 | 1.3 | 1,410 | 1.8 | 214 | 0.5 |
| 대전 | 1,764 | 1.4 | 1,398 | 1.8 | 366 | 0.8 |
| 울산 | 1,934 | 1.6 | 1,507 | 2.0 | 427 | 0.9 |
| 경기 | 38,175 | 30.9 | 22,327 | 29.2 | 15,848 | 33.7 |
| 강원 | 2,266 | 1.8 | 1,990 | 2.6 | 276 | 0.6 |
| 충북 | 2,906 | 2.4 | 2,286 | 3.0 | 620 | 1.3 |
| 충남 | 4,935 | 4.0 | 3,676 | 4.8 | 1,259 | 2.7 |
| 전북 | 3,303 | 2.7 | 2,883 | 3.8 | 420 | 0.9 |
| 전남 | 3,357 | 2.7 | 3,010 | 3.9 | 347 | 0.7 |
| 경북 | 3,958 | 3.2 | 3,530 | 4.6 | 428 | 0.9 |
| 경남 | 5,310 | 4.3 | 4,504 | 5.9 | 806 | 1.7 |
| 제주 | 760 | 0.6 | 533 | 0.7 | 227 | 0.5 |

자료: 행정안전부 2012년 지방자치단체 외국인 주민 현황 조사 결과.

**표 3-12** 기초자치단체 등록 외국인 체류 유형별 분포 순위 (단위: 명, %)

| 순위 | 전체 외국인 | 단순 기능 인력 | 결혼 이민자 | 전문 인력 | 유학생 |
|---|---|---|---|---|---|
| 1 | 경기 안산시 (44,316) | 경기 안산시 (31,013) | 경기 안산시 (4,800) | 서울 용산구 (3,281) | 서울 동대문구 (5,080) |
| 2 | 서울 영등포구 (42,112) | 서울 영등포구 (28,740) | 경기 수원시 (3,579) | 경남 거제시 (2,871) | 서울 성북구 (3,920) |
| 3 | 서울 구로구 (31,440) | 경기 화성시 (22,049) | 서울 영등포구 (2,965) | 서울 강남구 (2,545) | 서울 서대문구 (3,159) |
| 4 | 경기 수원시 (29,708) | 서울 구로구 (21,642) | 경기 부천시 (2,863) | 경기 수원시 (2,027) | 경북 경산시 (2,978) |
| 5 | 경기 화성시 (27,079) | 경기 수원시 (15,995) | 경기 성남시 (2,603) | 경기 성남시 (1,518) | 서울 광진구 (2,889) |
| 6 | 서울 금천구 (20,818) | 서울 금천구 (14,907) | 서울 구로구 (2,493) | 서울 서초구 (1,288) | 서울 동작구 (2,320) |
| 7 | 경기 시흥시 (20,167) | 경기 시흥시 (14,833) | 경남 창원시 (2,444) | 서울 종로구 (1,244) | 대전 유성구 (2,220) |
| 8 | 서울 관악구 (19,960) | 경남 김해시 (13,117) | 경기 고양시 (2,317) | 서울 마포구 (1,153) | 부산 남구 (2,187) |
| 9 | 경기 성남시 (17,126) | 서울 관악구 (11,579) | 경기 시흥시 (2,240) | 서울 중구 (1,088) | 전북 전주시 (2,119) |
| 10 | 경기 부천시 (17,048) | 경남 창원시 (10,233) | 서울 관악구 (1,938) | 울산 동구 (1,027) | 서울 종로구 (2,082) |
| **평균** | **4,271.6** | **2,367.1** | **627.0** | **246.3** | **379.5** |
| **표준편차** | **6,287.6** | **4,275.5** | **640.6** | **424.6** | **711.3** |
| **변이계수** | **1.47** | **1.81** | **1.02** | **1.72** | **1.87** |

주) 평균, 표준편차, 변이계수는 전체 기초자치단체에 대한 수치임.
자료: 법무부 출입국·외국인정책본부 통계연보.

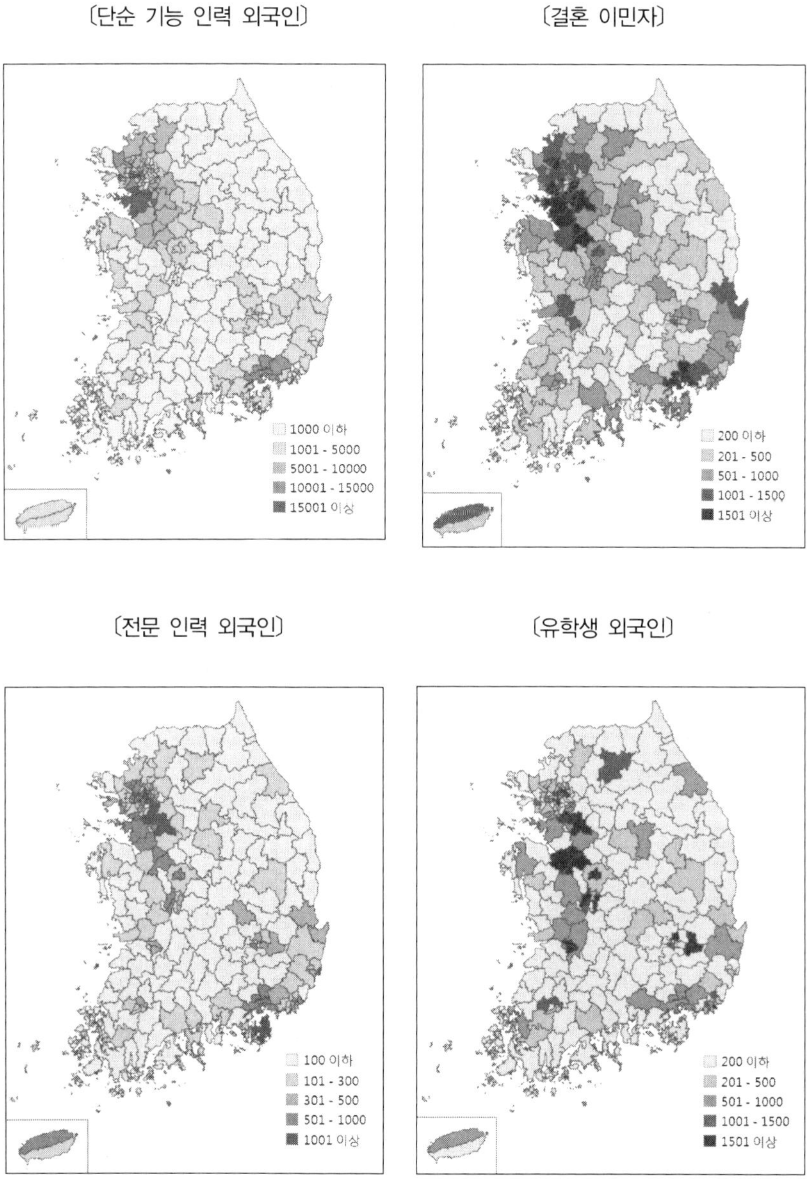


**그림 3-8** 전국 시·군·구별 체류 유형별 등록 외국인 분포(2011년)

자료: 법무부 출입국·외국인정책본부 통계연보.

에 전문 인력과 유학생은 서울시에 집중되어 있다.

국적 취득자의 시·도별 분포를 살펴보면, 우선 전체 국적 취득자는 서울시에 31.7%, 경기도에 30.9%가 거주하고 있어 등록 외국인과 마찬가지로 서울시와 경기도에 집중적으로 분포하고 있다. 혼인 귀화자는 경기도에 29.2%, 서울시에 22.7%가 거주하는 것으로 나타났다. 전체 국적 취득자에 비해서는 혼인 귀화자의 수도권 집중도가 낮게 나타났다.

등록 외국인의 체류 유형별 분포를 기초자치단체 수준에서 살펴보면, 단순 기능 인력은 경기도 안산시에 가장 많이 분포하고 있고, 다음으로 서울 영등포구, 경기도 화성시, 서울시 구로구, 경기도 수원시 등의 순서로 이어졌다.

결혼 이민자도 단순 기능 인력과 동일하게 경기도 안산시(3,281명)에 가장 많이 거주하는 것으로 나타났다. 이어서 경기도 수원시, 서울 영등포구, 경기도 부천시, 성남시 등으로 이어졌다. 전문 인력은 서울시 용산구에 가장 많이 거주하고 있고, 다음으로 경남 거제시, 서울 강남구, 경기도 수원시 등으로 이어졌다. 유학생은 서울 동대문구에 가장 많이 분포하고 있고, 다음으로 서울 성북구, 서대문구, 경북 경산시, 서울 광진구 등에 많이 분포하는 것으로 나타났다.

각 유형별로 평균, 표준편차를 보면, 단순 기능 인력은 전국 평균이 2,367명이고 표준편차는 4,275명이다. 결혼 이민자는 평균이 627명이고, 표준편차가 640명으로 나타났다. 전문 인력은 평균이 246명이고 표준편차가 424명이며, 유학생은 평균이 379명이고 표준편차가 711명

**표 3-13** 기초자치단체 국적 취득자 유형별 분포 순위 (단위: 명)

| 순위 | 국적 취득자 | | 혼인 귀화자 | | 기타 사유 국적 취득자 | |
|---|---|---|---|---|---|---|
| 1 | 서울 영등포구 | 6,410 | 경기 안산시 | 2,962 | 서울 영등포구 | 4,437 |
| 2 | 경기 안산시 | 6,268 | 경기 수원시 | 2,468 | 서울 구로구 | 3,729 |
| 3 | 서울 구로구 | 5,217 | 경기 부천시 | 2,157 | 경기 안산시 | 3,306 |
| 4 | 경기 수원시 | 4,100 | 서울 영등포구 | 1,973 | 서울 금천구 | 2,097 |
| 5 | 경기 부천시 | 3,716 | 경기 성남시 | 1,496 | 서울 관악구 | 2,096 |
| 6 | 서울 관악구 | 3,336 | 서울 구로구 | 1,488 | 경기 수원시 | 1,632 |
| 7 | 서울 금천구 | 3,152 | 경기 시흥시 | 1,436 | 경기 부천시 | 1,559 |
| 8 | 경기 성남시 | 2,750 | 서울 관악구 | 1,240 | 경기 성남시 | 1,254 |
| 9 | 경기 시흥시 | 2,576 | 경남 창원시 | 1,141 | 경기 시흥시 | 1,140 |
| 10 | 인천 부평구 | 1,974 | 인천 부평구 | 1,116 | 서울 광진구 | 963 |
| **평균** | **537.0** | | **332.5** | | **204.5** | |
| **표준편차** | **577.7** | | **396.5** | | **521.1** | |
| **변이계수** | **1.63** | | **1.19** | | **2.55** | |

주) 평균, 표준편차, 변이계수는 전체 기초자치단체에 대한 수치임.
자료: 행정안전부 2012년 지방자치단체 외국인 주민 현황 조사 결과.

으로 나타났다. 각 유형별 산포도를 비교하기 위하여 변이계수를 계산하였다. 이를 통하여 상대적 산포도를 비교하면, 단순 기능 인력, 전문 인력, 유학생의 변이계수가 각각 1.81, 1.72, 1.87로 나타나 지역별로 편차가 큰 것으로 나타났다. 반면에 결혼 이민자는 1.02로 나타나 상대적으로 지역별 편차가 크지 않은 것으로 나타났다.

국적 취득자의 유형별 분포를 기초자치단체 수준에서 살펴보았다. 전체 국적 취득자는 서울 영등포구에 가장 많은 6,410명이 거주하고 있고, 다음으로 안산시에 6,268명이 거주하는 것으로 나타났다. 이어

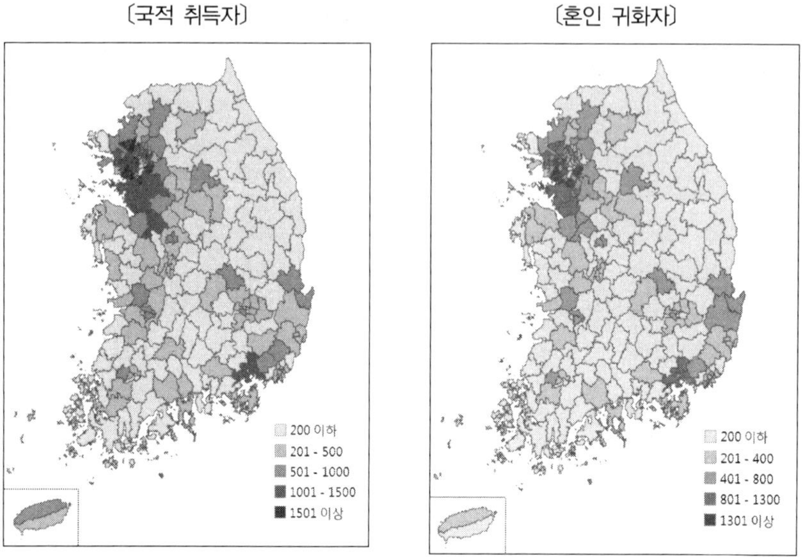


**그림 3-9** 전국 시·군·구별 국적 취득자와 혼인 귀화자 분포(2011년)

자료: 행정안전부 2012년 지방자치단체 외국인 주민 현황 조사 결과.

서 서울시 구로구, 경기도 수원시, 부천시, 서울시 관악구 등에 많은 수가 거주하고 있다. 혼인 귀화자의 경우에는 경기도 안산시에 가장 많은 2,962명이 거주하고 있고, 이어서 경기도 수원시, 부천시, 서울시 영등포구, 경기도 성남시, 서울시 구로구 등에 많은 수가 거주하는 것으로 나타났다.

평균, 표준편차를 보면, 전체 국적 취득자는 전국 평균이 537명, 표준편차가 577명이고, 결혼 이민자는 평균이 332명이며, 표준편차가 396명으로 나타났다. 산포도를 비교하기 위하여 변이계수를 계산하였다. 상대적 산포도를 비교하면, 전체 국적 취득자는 1.63인 반면, 혼인 귀화자는 1.19로 나타나 혼인 귀화자의 지역별 편차가 크지 않은 것을 알 수 있다. 이러한 결과는 혼인 이외의 사유로 국적을 취득한 외국인이 서울시 영등포구, 구로구, 금천구, 관악구, 경기도 안산시, 수원시 부천시 등 수도권 일부 지역에 밀집되어 있기 때문인 것으로 보인다.

등록 외국인의 국적에 따른 시·도별 분포를 살펴보았다. 먼저, 한국계 중국인은 서울시에 45.8%, 경기도에 35%가 거주하는 것으로 나타나 거의 대부분이 수도권에 분포하고 있었다. 중국인은 서울에

**표 3-14** 시·도별 등록 외국인 국적별 분포(2011년 말 기준) (단위: 명, %)

| 시도 | 한국계 중국인 | | 중국 | | 베트남 | | 필리핀 | | 인도네시아 | | 미국 | |
|---|---|---|---|---|---|---|---|---|---|---|---|---|
| | 인구 수 | 비중 | 인구 수 | 비중 | 인구 수 | 비중 | 인구 수 | 비중 | 인구 수 | 비중 | 인구 수 | 비중 |
| 전국 | 389,398 | 100 | 147,301 | 100 | 110,564 | 100 | 38,366 | 100 | 29,573 | 100 | 26,466 | 100 |
| 서울 | 178,407 | 45.8 | 33,455 | 22.7 | 6,416 | 5.8 | 3,843 | 10.0 | 747 | 2.5 | 9,926 | 37.5 |
| 부산 | 4,287 | 1.1 | 9,071 | 6.2 | 6,064 | 5.5 | 1,608 | 4.2 | 1,763 | 6.0 | 1,402 | 5.3 |
| 대구 | 2,825 | 0.7 | 4,641 | 3.2 | 3,771 | 3.4 | 1,324 | 3.5 | 1,568 | 5.3 | 1,054 | 4.0 |
| 인천 | 15,713 | 4.0 | 7,651 | 5.2 | 6,450 | 5.8 | 2,586 | 6.7 | 1,972 | 6.7 | 847 | 3.2 |
| 광주 | 1,890 | 0.5 | 3,983 | 2.7 | 2,268 | 2.1 | 858 | 2.2 | 500 | 1.7 | 552 | 2.1 |
| 대전 | 1,679 | 0.4 | 5,807 | 3.9 | 1,690 | 1.5 | 498 | 1.3 | 243 | 0.8 | 1,047 | 4.0 |
| 울산 | 6,452 | 1.7 | 1,533 | 1.0 | 2,776 | 2.5 | 938 | 2.4 | 636 | 2.2 | 473 | 1.8 |
| 경기 | 136,318 | 35.0 | 34,897 | 23.7 | 29,855 | 27.0 | 14,135 | 36.8 | 7,704 | 26.1 | 5,761 | 21.8 |
| 강원 | 2,555 | 0.7 | 3,144 | 2.1 | 2,168 | 2.0 | 634 | 1.7 | 426 | 1.4 | 511 | 1.9 |
| 충북 | 5,868 | 1.5 | 5,028 | 3.4 | 4,130 | 3.7 | 1,420 | 3.7 | 826 | 2.8 | 445 | 1.7 |
| 충남 | 11,905 | 3.1 | 9,565 | 6.5 | 7,379 | 6.7 | 2,097 | 5.5 | 2,624 | 8.9 | 822 | 3.1 |
| 전북 | 2,900 | 0.7 | 6,168 | 4.2 | 4,011 | 3.6 | 1,167 | 3.0 | 572 | 1.9 | 464 | 1.8 |
| 전남 | 4,340 | 1.1 | 4,869 | 3.3 | 5,912 | 5.3 | 1,308 | 3.4 | 719 | 2.4 | 400 | 1.5 |
| 경북 | 5,011 | 1.3 | 7,976 | 5.4 | 9,541 | 8.6 | 2,135 | 5.6 | 3,509 | 11.9 | 891 | 3.4 |
| 경남 | 8,703 | 2.2 | 7,316 | 5.0 | 16,879 | 15.3 | 3,465 | 9.0 | 5,093 | 17.2 | 1,544 | 5.8 |
| 제주 | 545 | 0.1 | 2,197 | 1.5 | 1,254 | 1.1 | 350 | 0.9 | 671 | 2.3 | 327 | 1.2 |

자료: 법무부 출입국·외국인정책본부 통계연보.

22.7%, 경기도에 23.7%가 거주하고 있어 절반가량이 수도권에 분포하고 있었다. 반면에, 베트남인, 필리핀인, 인도네시아인은 서울 밀집도가 상대적으로 매우 낮게 나타났다. 이들은 경기도에 각각 27%, 36.8%, 26.1%가 거주하고 있지만, 서울시에는 5.8%, 10%, 2.5%만이 거주하고 있다. 이들은 서울시 대신 경상남도를 주요 주거지로 선택한 것으로 보인다. 경상남도에 인도네시아인의 17.2%, 베트남인의 15.3%, 필리핀인의 9%가 밀집되어 있다.

기초자치단체 수준에서 살펴보면 한국계 중국인은 서울 영등포구에 가장 많은 38,132명이 거주하고 있고, 서울 구로구와 경기도 안산시에 2만 명 이상이 거주하는 것으로 나타났다. 중국인은 경기도 안산시에 가장 많은 수가 거주하고 있고, 서울 동대문구와 경기도 수원시에 4천 명 이상이 거주하고 있다.

베트남인은 경기도 화성시, 경상남도 남해시, 창원시에 4천 명 이상이 거주하고 있고, 이외에 경기도 시흥시, 안산시, 인천 남동구 등에 다수가 거주하는 것으로 나타났다. 필리핀인은 경기도 화성시에 가장 많은 수가 분포하고 있고, 이어서 경기도 안산시, 포천시, 평택시, 경상남도 남해시 등에 다수가 거주하는 것으로 나타났다. 미국인의 경우, 서울시 용산구, 강남구, 경기도 성남시에 1천 명 이상이 거주하고 있고, 이어서 서울 서초구, 서대문구, 경기도 용인시 등에 다수가 거주하고 있다. 미국인의 이러한 차별적인 분포는 체류 유형 중 전문 인력에 많은 수가 포함된 미국인은 공업 지대보다는 시내 중심가에 분포하기 때문일 것이다.

**표 3-15** 기초자치단체 등록 외국인 국적별 분포 순위 (단위: 명, %)

| 순위 | 한국계 중국인 | 중국 | 베트남 | 필리핀 | 인도네시아 | 미국 |
|---|---|---|---|---|---|---|
| | 총계 (389,398) | 총계 (147,301) | 총계 (110,564) | 총계 (38,366) | 총계 (29,573) | 총계 (26,466) |
| 1 | 서울 영등포구 (38,132) | 경기 안산시 (6,211) | 경기 화성시 (4,388) | 경기 화성시 (1,684) | 경기 화성시 (1,485) | 서울 용산구 (1,512) |
| 2 | 서울 구로구 (28,387) | 서울 동대문구 (4,207) | 경남 김해시 (4,359) | 경기 안산시 (1,333) | 경남 김해시 (1,409) | 서울 강남구 (1,169) |
| 3 | 경기 안산시 (25,218) | 경기 수원시 (4,148) | 경남 창원시 (4,045) | 경기 포천시 (1,099) | 경기 안산시 (1,396) | 경기 성남시 (1,050) |
| 4 | 경기 수원시 (19,663) | 서울 성북구 (2,930) | 경기 시흥시 (2,797) | 경기 평택시 (1,068) | 경남 창원시 (1,073) | 서울 서초구 (886) |
| 5 | 서울 금천구 (18,463) | 서울 광진구 (2,882) | 경기 안산시 (2,626) | 경남 김해시 (1,058) | 인천 남동구 (970) | 경기 용인시 (833) |
| 6 | 서울 관악구 (15,652) | 경북 경산시 (2,730) | 인천 남동구 (2,214) | 인천 남동구 (1,015) | 경기 시흥시 (893) | 서울 서대문구 (815) |
| 7 | 경기 성남시 (11,292) | 충북 청주시 (2,618) | 경기 김포시 (2,071) | 경기 부천시 (895) | 대구 달서구 (796) | 경남 거제시 (743) |
| 8 | 서울 광진구 (9,765) | 경기 용인시 (2,530) | 인천 서구 (1,689) | 경남 창원시 (849) | 충남 천안시 (749) | 경기 수원시 (588) |
| 9 | 경기 시흥시 (9,693) | 경남 창원시 (2,485) | 경기 광주시 (1,570) | 경기 김포시 (808) | 충남 아산시 (719) | 서울 성북구 (494) |
| 10 | 경기 부천시 (9,561) | 경기 시흥시 (2,458) | 경북 경주시 (1,557) | 경기 광주시 (788) | 경북 구미시 (644) | 서울 송파구 (478) |
| 평균 | 1,693.0 | 640.4 | 480.7 | 166.8 | 128.6 | 115.1 |
| 표준편차 | 4,309.1 | 839.5 | 623.4 | 244.2 | 234.0 | 196.9 |
| 변이계수 | 2.55 | 1.31 | 1.30 | 1.46 | 1.82 | 1.71 |

주) 평균, 표준편차, 변이계수는 전체 기초자치단체에 대한 수치임.
자료: 법무부 출입국·외국인정책본부 통계연보.

국적별로 평균과 표준편차를 보면, 한국계 중국인은 전국 평균이 1,639명이고 표준편차는 4,309명으로 나타나 지역별 편차가 크게 나타났다. 중국인은 평균이 640명이고, 표준편차는 839명으로 나타났다. 베트남인은 평균이 481명이고 표준편차는 623명으로 나타났다. 필리핀인은 평균과 표준편차가 각각 166명, 244명으로 나타났고, 미국인은 각각 115명, 197명으로 나타났다. 각 유형별 산포도를 비교하기 위하여 변이계수를 계산하였다. 상대적 산포도를 비교하면, 한국계 중국인이 2.55로 나타나 지역별 편차가 가장 크게 나타났다. 중국인은 1.31, 베트남인은 1.3, 필리핀인은 1.46, 미국인은 1.71로 나타나, 미국인이 상대적으로 지역별 편차가 크게 나타났다.

국적 취득자의 국적에 따른 시·도별 분포를 살펴보았다. 먼저, 한국계 중국인이었던 국적 취득자는 서울시에 31.7%, 경기도에 30.9%가 거주하는 것으로 나타나, 등록 외국인과 마찬가지로 수도권에 집중적으로 분포하고 있었다. 중국인이었던 국적 취득자는 서울에 22.5%, 경기도에 35.4%, 인천에 8.8%가 거주하고 있어 70% 정도가 수도권에 분포하고 있었다. 수도권에서도 경기도에 더 분포하고 있다. 반면에, 베트남인과 필리핀인이었던 국적 취득자는 수도권의 밀집도가 상대적으로 매우 낮게 나타났다. 이들은 수도권(서울, 인천, 경기)에 각각 29.4%와 33.2%만이 거주하고 있어, 상대적으로 지방에 분산되어 있었다. 그러나 베트남인이었던 국적 취득자는 지방에서도 특히 경상도 지역에 상당수(23%)가 집중적으로 거주하고 있었다.

**표 3-16** 국적 취득자의 국적별, 시 · 도별 분포(2011년 말 기준) (단위: 명)

| 시도 | 한국계 중국인 | | 중국 | | 베트남 | | 필리핀 | | 기타 | |
|---|---|---|---|---|---|---|---|---|---|---|
| | 인구 수 | 비중 | 인구 수 | 비중 | 인구 수 | 비중 | 인구 수 | 비중 | 인구 수 | 비중 |
| 전국 | 68,612 | 100 | 30,926 | 100 | 10,452 | 100 | 5,537 | 100 | 4,266 | 100 |
| 서울 | 29,086 | 42.4 | 6,944 | 22.5 | 752 | 7.2 | 487 | 8.8 | 718 | 16.8 |
| 부산 | 1,760 | 2.6 | 943 | 3.0 | 515 | 4.9 | 214 | 3.9 | 235 | 5.5 |
| 대구 | 1,049 | 1.5 | 517 | 1.7 | 539 | 5.2 | 125 | 2.3 | 109 | 2.6 |
| 인천 | 3,826 | 5.6 | 2,727 | 8.8 | 420 | 4.0 | 255 | 4.6 | 270 | 6.3 |
| 광주 | 519 | 0.8 | 522 | 1.7 | 261 | 2.5 | 208 | 3.8 | 83 | 1.9 |
| 대전 | 594 | 0.9 | 607 | 2.0 | 279 | 2.7 | 103 | 1.9 | 98 | 2.3 |
| 울산 | 942 | 1.4 | 349 | 1.1 | 469 | 4.5 | 85 | 1.5 | 67 | 1.6 |
| 경기 | 22,006 | 32.1 | 10,935 | 35.4 | 1,902 | 18.2 | 1,096 | 19.8 | 1,252 | 29.3 |
| 강원 | 642 | 0.9 | 728 | 2.4 | 336 | 3.2 | 304 | 5.5 | 167 | 3.9 |
| 충북 | 957 | 1.4 | 937 | 3.0 | 464 | 4.4 | 271 | 4.9 | 168 | 3.9 |
| 충남 | 2,060 | 3.0 | 1,247 | 4.0 | 724 | 6.9 | 450 | 8.1 | 213 | 5.0 |
| 전북 | 1,004 | 1.5 | 960 | 3.1 | 593 | 5.7 | 516 | 9.3 | 161 | 3.8 |
| 전남 | 846 | 1.2 | 875 | 2.8 | 711 | 6.8 | 660 | 11.9 | 200 | 4.7 |
| 경북 | 1,327 | 1.9 | 1,008 | 3.3 | 1,084 | 10.4 | 303 | 5.5 | 174 | 4.1 |
| 경남 | 1,683 | 2.5 | 1,427 | 4.6 | 1,312 | 12.6 | 408 | 7.4 | 316 | 7.4 |
| 제주 | 311 | 0.5 | 200 | 0.6 | 91 | 0.9 | 52 | 0.9 | 35 | 0.8 |

자료: 행정안전부 2012년 지방자치단체 외국인 주민 현황 조사 결과.

ㅣ제 4 장ㅣ

# 외국인 거주지 분포에 관한 영향 요인 분석

앞에서 외국인의 현황과 추이, 거주 현황 및 분포에 대하여 여러 측면으로 살펴보았다. 이 장에서는 외국인의 거주지 분포에 어떠한 요인이 영향을 미치는지에 대하여 실증적으로 분석하였다. 외국인의 거주지 분포는 등록 외국인과 국적 취득자를 모두 포함한 외국인 주민을 대상으로 살펴보았다. 그리고 체류 유형별로 외국인 주민을 나누어서 세부적으로 분석하였다.

## 제1절 분석 방법 및 변수 설정

### 1. 분석 방법 및 범위

이 연구의 주요 목적은 외국인 주민의 거주지 분포에 영향을 미치는 요인을 분석하는 것이다. 이에 따라서 어떤 요인에 영향을 미치는 변수를 파악하기 위하여 가장 일반적으로 사용되는 다중회귀분석(multiple regression analysis)을 실시하였다.

분석 단위는 시, 군, 자치구의 기초자치단체로 하였다. 분석의 정교성을 위하여 더 작은 지역 단위로 세분하여 분석을 실시하는 것이 바람직하다. 특히 우리나라의 시와 군의 경우, 거주지 선택 단위로 보기에는 지나치게 넓은 측면이 있다. 그러나 현재 일부 지역을 제외한 대부분의 지역에서는 기초자치단체 이하의 단위로 자료 수집이 이루어지지 않고 있는 실정이다. 이 연구에서는 이러한 한계점으로 인하여 기초자치단체를 분석 단위로 설정하였다.

연구의 공간적 범위는 전국의 기초자치단체로 하였다. 현재 전국에는 230개 기초자치단체가 존재한다. 그 중 투입된 변수에 대한 전체 자료의 수집이 불가능한 인천광역시 옹진군과 제주특별자치도의 제주시, 서귀포시는 분석에서 제외하였다. 그 결과 227개 기초자치단체가 분석 대상에 포함되었다.

시간적 범위는 전체 자료에 대한 시점을 동일하게 맞추기 위하여 2010년으로 설정하였다. 일부 자료의 경우, 통계 자료로 공개되기까지 시간이 소요되어 모든 자료를 수집 가능한 최근 연도로 시점을 통일하였다.

## 2. 변수 설정

### 1) 종속변수 설정

이 연구는 외국인의 거주지 분포에 영향을 미치는 요인을 체류 유형별로 구분하여 살펴보기 위한 것이다. 이에 따라 종속변수는 전체 외국인 주민의 비율, 체류 유형별 외국인 주민의 비율로 하였다. 외국인 주민 수를 변수로 사용하면 지역의 인구 규모에 의한 편의(bias)가 발생하기 때문에 비율 변수로 전환하였다. 체류 유형은 단순 기능 인력, 결혼 이민자, 전문 인력, 유학생의 네 가지 범주로 구분하고, 전체 외국인 주민과 기타 외국인 주민을 추가하였다.

종속변수의 외국인 주민은 국내에 90일 이상 체류하는 등록 외국인과 국적을 취득한 외국인을 포함한 것이다. 여기에서는 이들을 통칭하여 외국인 주민이라 하였다.[1] 우리나라의 각종 다문화 정책, 사회 통합 정책 등 외국인 관련 정책은 등록 외국인뿐만 아니라 국적을 취득한 외국인을 주요 대상으로 하고 있다. 특히 결혼 이민자는 국적 취득 여부와 관계없이 가장 많은 관심을 받는 정책 대상이다.[2] 외국인 거주지에 관한 몇몇 선행 연구(손승호, 2008; 박세훈 외, 2009 · 2010; 이진영 · 남진, 2012 등)는 등록 외국인만을 분석 대상으로 하여 분석 결과

1) 행정안전부의 외국인 주민 현황 조사 결과는 90일 이상 체류하는 등록 외국인, 한국 국적을 취득한 자, 외국인 주민 자녀를 외국인 주민으로 보았다. 이 연구에서는 이 중 외국인 주민 자녀를 제외한 자들을 외국인 주민으로 통칭하였다.

2) 국적을 취득한 외국인 중에는 결혼 이민자가 62%를 차지하고 있어 국적을 취득한 외국인은 외국인 관련 연구에서 간과되어서는 안 되는 대상이다.

의 정책적 유용성 면에서 미흡한 측면이 있었다. 이 연구에서는 분석 결과의 정책적 유용성과 타당성을 높이기 위하여 분석 대상에 국적을 취득한 외국인을 포함하였다.

### 2) 독립변수 설정

거주지 결정은 개인의 의사 결정에 의하여 이루어지는 것으로 생각할 수 있지만, 정치적·사회적·경제적·정치적 환경이 영향을 미친다. 또 어느 특정 요인에 의하여 거주지 결정이 이루어지기보다는 여러 요인이 복합적으로 작용하는 경우가 대부분이다.

앞에서 검토한 이론과 선행 연구에 의하면 외국인의 거주지는 경제적 요인, 물리적 요인, 지리적 요인, 정책적 요인, 사회적 요인 등 다양한 요인에 의하여 결정된다. 이 연구에서는 이러한 요인들을 산업, 주거, 재정, 사회복지, 교육, 외국인 관련, 지역 측면으로 좀 더 구체화하였다. 그리고 각 범주별로 변수를 설정하였다.[3]

국내 등록 외국인의 65% 이상은 노동 이주자들로서, 이들에게는 경제적 동기가 이주를 결정하게 한 주요한 요인이다. 노동 이주자들에게 가장 중요한 것은 직장이다. 그들은 낯선 타국에서 지리적·환경적으로 생소하고, 또 통근을 가장 우선시하기 때문에 직장 근처에 거주지를 결정할 것이다. 실제로 기존의 분석 결과에 의하면 외국인 노동자는 단순 기능 인력과 전문 인력 모두 직장과의 지리적 근접성을 우선

3) 이진영(2011)은 외국인 거주지 분포의 영향 요인 분석을 위하여 결정 요인을 산업, 주거, 교육, 기반시설, 외국인 관련이라는 다섯 개 범주로 나누고, 각 범주별로 독립변수를 설정하였다.

시하는 것으로 나타났다(류주현, 2009a, 2009b; 송주연 · 이혜경, 2009).

그러나 단순 기능 인력과 전문 인력의 근무지는 서로 다르게 나타난다. 국내의 노동 인력 구조와 외국인 노동 인력에 대한 정부 정책상 단순 기능 인력은 제조업과 건설업에 종사할 가능성이 높다. 반면 전문 인력은 기업 활동 관련 전문직, 연구 · 기술직이나 또는 외국어 강사로 활동하면서 체류하고 있다. 따라서 전문 인력은 외국인 투자 기업에서 근무하거나 전문, 과학 및 기술 서비스업에 종사할 것이다. 그리고 외국인 전문 인력의 40%는 회화 강사나 보조 교사라는 점에서 교육 서비스업이 많은 곳에 거주할 가능성이 높다. 이러한 점들을 고려하여, 산업적 측면에는 고용 밀도, 제조 · 건설업체 수, 전문 서비스업 수, 본사 · 본점 수, 외국인 투자 기업 수의 다섯 개 변수를 구성하였다. 이 변수들의 값은 인구 규모를 반영하기 위하여 인구 1천 명당 업체 수로 변환하여 산출하였다.

주거 특성은 전통적으로 거주지를 결정하는 데 많은 영향을 미치는 요인으로 분석되고 있다(서의택 · 염춘경, 1996; 윤인진, 1998). 사람들은 소득 수준에 따라 경제적 제약을 받게 되고, 그러한 제약이 거주지 결정에 반영된다. 우리나라 외국인의 대부분은 단순 기능 인력으로서 이들은 저개발국으로부터 이주한 자들이다. 결혼 이민 여성 또한 동남아시아 중심의 저개발국으로부터 이주한 자들이 많고, 또 이들을 배우자로 선택한 한국 남성의 소득 수준도 높지 않은 것으로 조사되고 있다(설동훈 · 윤홍식, 2008; 김승권 외, 2010). 따라서 이들의 거주지는 상대적으로 지가가 낮은 지역에 위치할 가능성이 높다. 그리고 단순 기능 인력은 주거 지역보다는 공업 지역이나 상업 지역에 거주할 가능성이 높다. 이러한 점들을 반영하여 주거 측면에는 주거 지역 비율, 아파트 비율, 면적당 재산세를 변수로 선정하였다. 면적당 재산세는 지가 수준의 대리변수(proxy)로서 적용된 변수이다. 우리나라 지방자치단체의 재산세는 대부분 부동산 과세로 이루어져 있어 지가를 반영할 수 있는 변수로 볼 수 있을 것이다.

재정적 특성 또한 거주지 결정에 영향을 미치는 것으로 알려져 있다(김창석, 2002; 송기욱 외, 2010; 이민관·이주형, 2010). 재정적 측면에는 소득 수준과 지방자치단체의 재정 여건으로 하였다. 소득 수준은 1인당 지방소득세로 측정하였고, 재정 여건은 재정자립도로 하였다. 외국인 주민 중 소득 수준이 낮은 결혼 이민자, 단순 기능 인력과 소득 수준이 대체로 높은 전문 인력에게 재정적 특성은 다르게 나타날 것이다. 쾌적한 환경 및 편의 시설을 원하는 전문직 이주자들(송주연·이혜경, 2009)은 상대적으로 재정 여건이 좋은 지역을 선호할 것이다.

지방공공재의 공급 수준이나 공공 서비스의 유형도 거주지 분화를 유발할 수 있다. 지방공공재는 주택 가격에 영향을 미쳐 사회 계층별 거주지 분화를 유발하는 것으로 알려져 있다(송명규, 1992). 우리나라 외국인의 대부분을 차지하는 단순 기능 인력과 결혼 이민자는 모두 경제적 목적을 위하여 유입된 인구이다. 이들 중 단순 기능 인력은 본국으로 돌아가는 것이 전제되어 있지만, 결혼 이민자는 국내에 지속적으로 남아 있을 가능성이 높다. 결혼 이민자는 대체로 소득 수준이 낮기 때문에 공공 서비스에 대하여 상대적으로 민감할 것이다. 이러한 점들을 반영하여 사회복지 측면에서는 사회복지 예산 비중, 10만 명당 복지시설 수, 인구 1천 명당 공무원 수를 변수로 구성하였다.

교육적 측면에는 대학생 수, 외국인 학교 유무 변수를 구성하였다. 내국인의 거주지 결정에는 일반적으로 초중고 학생 수, 사설 학원 수 등과 같은 공교육이나 사교육 환경 관련 요인이 영향을 미치는 것으로 알려져 있다. 그러나 외국인의 거주지 결정에는 그러한 변수보다는 외국인 학교와 대학 관련 변수가 영향을 미치는 것으로 알려져 있다(이진영 · 남진, 2012; 최재헌 · 강민조, 2003). 다만 외국인의 유형에 따라 영향을 미치는 요인은 달라질 것이다. 국내 외국인 중 자녀를 양육하는 외국인은 자신의 거주지 결정에서 외국인 학교 유무가 중요한 변수로 작용할 것이다. 그러나 유학생의 경우에는 지역 내 대학의 존재가 영향 요인으로 작용할 것이다. 외국인 유학생은 통학을 위하여 학교 주변에 자신들의 거주지를 정할 가능성이 높기 때문이다. 그런데, 대학의 존재 유무나 학교 수만으로 변수를 구성할 경우(이진영, 2011), 대학의 규모에 의한 편의가 발생할 수 있다. 좀 더 정확하게 추정하기 위하여 대학 수나 존재 유무 대신 지역 내 전체 대학 재학생 수를 변수로 선정하였다.

이주민은 유입국에서 새로운 공동체를 형성하고 그 공동체를 중심으로 집단 거주지를 형성하는 경우가 많다. 그 공동체가 연대성, 동족에 대한 배려, 정보 네트워크 등을 주기 때문에 외국인들은 그 공동체를 중심으로 생활하게 된다. 그러한 초기의 공동체는 그들의 거주지를

**표 4-1** 변수 선정 및 산출 방법

| 구분 | | 변수 | | 산출 방법 | 출처 |
|---|---|---|---|---|---|
| 종속 변수 | | ① 거주 인구 1천 명당 외국인 주민 수 | | 외국인 주민 수/(내국인+외국인)x1000 | 출입국·외국인 정책 통계연보 |
| | | ② 거주인 1천 명당 체류 유형별 외국인 주민 수 | | 체류 유형별 외국인 주민 수/(내국인+외국인)x1000 | |
| 독립변수 | 산업 | 고용 밀도[1] | | 총 종사자 수/시가화 면적(명/㎢) | 국가통계포털(KOSIS) |
| | | 사업체 수 | 제조·건설업체 수 | 해당 사업체 수/인구x1000 | |
| | | | 전문 서비스업체[2] 수 | 해당 사업체 수/인구x1000 | |
| | | 본사· 본점 수 | | 본사· 본점 수/인구x1000 | 자치단체별 사업체조사 |
| | | 외국인 투자 기업 수 | | 외국인 투자 기업 수/인구x1000 | 지식경제부 홈페이지 |
| | 주거 | 주거 지역 비율 | | 주거 지역 면적/시가화 면적(%) | 국가통계포털(KOSIS) |
| | | 아파트 비율 | | 아파트 호수/총 주택 호수(%) | |
| | | 면적당 재산세 | | 시군구 재산세액/시군구 면적(1천 원/㎢) | 지방세정연감 |
| | 재정 | 1인당 지방소득세 | | 지방소득세/인구(1천 원) | |
| | | 재정자립도 | | 자치단체의 재정자립도(%) | 국가통계포털(KOSIS) |
| | 사회복지 | 사회복지 예산 비중 | | 일반회계 사회복지비 비중(%) | |
| | | 복지 시설 수 | | 10만 명당 복지 시설 수 | |
| | | 공무원 수 | | 공무원 수/인구x1000 | |
| | 교육 | 대학생 비율 | | 소재 전체 대학 재학생 수/인구x100(%) | 대학알리미 홈페이지 |
| | | 외국인 학교 유무 | | 외국인 학교 있음=1, 없음=0 | 교육과학기술부 홈페이지 |
| | 외국인 관련 | 기존 외국인 비율 | | 1999년 외국인 수/1999년 (내국인+외국인)x1000 | 국가통계포털(KOSIS) |
| | 지역 | 수도권 여부 | | 수도권 1, 비수도권 0 | |

주: 1) 시가화 면적은 도시 지역의 주거 지역, 상업 지역, 공업 지역 면적을 의미한다.
2) 전문 인력에는 기업 활동 관련 전문직과 외국어 강사가 포함되어 있어 산업 분류에서 전문, 과학 및 기술 서비스업과 교육 서비스업을 포함하였다.

결정하는 데 매우 큰 영향을 미친다(송주연 · 이혜경, 2009; 최재헌 · 강민조, 2003). 이러한 점을 반영하여 기존 외국인 거주지 변수를 선정하였다. 이 변수는 1999년의 외국인 비율로 측정하였다(이진영 · 남진, 2012).

마지막으로, 외국인은 수도권이라는 이유로 거주지를 선택할 가능성이 있다(류주현, 2009). 이러한 점을 고려하여 수도권과 비수도권을 구분하는 더미 변수를 추가하였다.

이러한 변수들을 사용하여 다중회귀분석을 실시하기 전에 독립변수 간 다중공선성을 확인하여야 한다. 변수 간 다중공선성은 상관 관계 분석을 통하여 파악하기도 하지만, 좀 더 명확하게 하기 위하여 분산 팽창 계수(VIF) 값이나 공차 한계(TOL) 값을 통하여 다중공선성의 여부를 확인해 보는 것이 바람직하다. 일반적으로 공차 한계의 값이 0.1보다 작거나 분산 팽창 계수의 값이 10보다 클 경우 심각한 다중공선성의 문제가 존재한다고 판단할 수 있다. 다중공선성이 의심되는 변수는 제외하는 것이 분석의 신뢰성을 위하여 바람직하다.

위에서 구성한 독립변수들을 대상으로 다중공선성을 분석하였다. 분석 결과, VIF(분산 팽창 계수)의 값이 매우 높은 변수들이 발견되었다. 본사 · 본점 수와 외국인 투자 기업 수의 VIF값은 각각 14.092와 11.963으로 나타나 공선성이 심각한 것으로 분석되었다. 이에 본사 · 본점 수 변수를 제외하고 다시 다중공선성 분석을 실시하였다. 그 결과, 외국인 투자 기업 수의 VIF값도 8.889로 낮아져, 모든 변수에서 10 이하의 VIF값을 보여 결과적으로 독립변수들 간의 다중공선성은

**표 4-2** 독립변수의 다중공선성 분석

| 독립변수 | 공선성 통계량 | | 공선성 통계량 | |
|---|---|---|---|---|
| | 공차 | VIF1) | 공차 | VIF |
| 고용 밀도 | 0.121 | 8.297 | 0.163 | 6.153 |
| 제조 · 건설업체 수 | 0.333 | 2.999 | 0.462 | 2.164 |
| 전문 서비스업체 수 | 0.244 | 4.105 | 0.263 | 3.802 |
| 본사· ·본점 수 | 0.071 | 14.092 | – | – |
| 외국인 투자 기업 수 | 0.084 | 11.963 | 0.112 | 8.889 |
| 주거 지역 비율 | 0.631 | 1.586 | 0.674 | 1.483 |
| 아파트 비율 | 0.194 | 5.166 | 0.194 | 5.156 |
| 면적당 재산세 | 0.183 | 5.460 | 0.184 | 5.440 |
| 1인당 지방소득세 | 0.137 | 7.282 | 0.138 | 7.246 |
| 재정자립도 | 0.148 | 6.739 | 0.149 | 6.723 |
| 사회복지 예산 비중 | 0.198 | 5.047 | 0.211 | 4.733 |
| 복지 시설 수 | 0.544 | 1.838 | 0.550 | 1.817 |
| 공무원 수 | 0.161 | 6.221 | 0.164 | 6.090 |
| 대학생 비율 | 0.855 | 1.169 | 0.860 | 1.163 |
| 외국인 학교 유무 | 0.712 | 1.405 | 0.719 | 1.392 |
| 기존 외국인 비율 | 0.372 | 2.685 | 0.378 | 2.648 |
| 수도권 여부 | 0.254 | 3.941 | 0.278 | 3.592 |

주: VIF(variance inflation factor)는 분산팽창계수로서 공차의 역수이다.

의심되지 않은 것으로 보였다.

따라서 이 연구의 분석에서는 본사·본점 수 변수를 제외한 16개 변수를 독립변수로 사용하였다.

### 3. 자료 수집

각 변수의 자료는 국가 통계 포털 인터넷 사이트, 법무부 출입국·외국인 정책 통계연보, 행정안전부의 지방자치단체 외국인 주민 현황 조사 등을 활용하여 수집하였다.

외국인 주민 자료에서 등록 외국인은 법무부 출입국·외국인 정책 통계연보를 활용하였고, 국적을 취득한 외국인은 행정안전부의 지방자치단체 외국인 주민 현황 조사를 이용하였다. 행정안전부의 지방자치단체 외국인 주민 현황 자료는 2011년 자료를 이용하였다. 이 자료는 2011년 1월 1일 기준으로 자료를 조사하기 때문에 사실상 2010년 말 기준 자료와 동일한 것이라고 판단하였다.

사업체 수와 종사자 수는 통계청의 2010년 경제총조사 자료를 활용하였다. 대학 수에서 교육대학교나 교원대학교, 사이버대학은 제외하였다. 교육대학교나 교원대학교는 학생들이 국내에서 교사로 재직하는 것을 목적으로 입학하므로 외국인에게 입학 유인이 없을 것으로 판단하였다. 사이버대학은 특정한 지역을 점유하는 유형의 학교가 아니고 단순히 웹상에서 강의를 제공하는 대학이기 때문에 유학생이 특정 지역에 거주할 필요가 없다. 그리고 전문대의 경우 기능대학은 일반 학생을 대상으로 하는 대학이 아니므로 제외하였다.

## 제2절 분석 결과

### 1. 기술 통계

영향 요인 분석에 앞서, 분석에 사용된 변수들에 대한 기술 통계를 살펴보면 <표 4-3>과 같다. 종속 변수는 단순 기능 인력, 결혼 이민자, 전문 인력, 유학생이라는 네 가지 외국인 주민 유형 외에 전체 외국인 주민과 기타 외국인 주민을 포함하여 총 여섯 가지 유형의 외국인 주민이다. 독립변수는 고용 밀도, 사업체 수, 주거 지역 비율 등 총 16개이다.

먼저, 종속변수의 기술 통계를 살펴보겠다. 6개의 종속변수는 외국인 주민에 관한 변수로서 단위는 지역의 인구 1천 명당 외국인 주민 수이다. 전체 외국인 주민은 기초자치단체별로 평균이 18.51명(표준편차 14.65명)이고, 최소값은 3.42명이며 최대값은 101.03명으로 나타났다. 단순 기능 인력 외국인 주민은 평균이 8.96명(표준편차 10.68명)이고 최소값은 0.29명이며 최대값은 60.23명으로 나타나 단순 기능 인력 외국인 주민이 지역별로 가장 많이 분포하고 있고, 지역별 편차 또한 큰 것으로 나타났다. 결혼 이민자 외국인 주민은 평균이 4.6명(표준편차는 1.76명)이고 최소값은 0.93명이며 최대값은 12.68명으로서, 상대적으로 전국에 고르게 분포하는 것으로 나타났다. 전문 인력 외국인

**표 4-3** 변수별 기술 통계

| 변수 | | | N | 평균 | 표준편차 | 최소값 | 최대값 |
|---|---|---|---|---|---|---|---|
| 종속변수 | | 전체 외국인 주민(1천 명당) | 227 | 18.51 | 14.65 | 3.42 | 101.03 |
| | | 단순 기능 인력(1천 명당) | 227 | 8.96 | 10.68 | 0.29 | 60.23 |
| | | 결혼 이민자(1천 명당) | 227 | 4.60 | 1.76 | 0.93 | 12.68 |
| | | 전문 인력(1천 명당) | 227 | 0.86 | 1.39 | 0.04 | 12.62 |
| | | 유학생(1천 명당) | 227 | 1.43 | 2.55 | 0.00 | 13.32 |
| | | 기타 외국인 주민(1천 명당) | 227 | 2.66 | 3.56 | 0.19 | 25.97 |
| 독립변수 | 산업 | 고용 밀도(명/㎢) | 227 | 4,994.85 | 4,324.48 | 777.62 | 38,182.30 |
| | | 제조·건설업체 수(1천 명당) | 227 | 9.41 | 6.68 | 1.80 | 68.33 |
| | | 전문 서비스업체 수(1천 명당) | 227 | 4.31 | 2.06 | 2.33 | 21.22 |
| | | 외국인 투자 기업 수(1천 명당) | 227 | 0.20 | 0.55 | 0.00 | 5.56 |
| | 주거 | 주거 지역 비율(%) | 227 | 70.00 | 17.92 | 22.56 | 98.70 |
| | | 아파트 비율(%) | 227 | 44.28 | 24.88 | 0.26 | 89.86 |
| | | 면적당 재산세(1천 원/㎢) | 227 | 442,773.5 | 1,068,652.6 | 379.8 | 8,731,060.8 |
| | 재정 | 1인당 지방소득세(1천 원) | 227 | 148.69 | 327.81 | 23.36 | 4,399.77 |
| | | 재정자립도(%) | 227 | 28.13 | 16.56 | 8.60 | 82.90 |
| | 사회복지 | 사회복지 예산 비중(%) | 227 | 26.43 | 12.93 | 4.56 | 59.52 |
| | | 복지 시설 수(10만 명당) | 227 | 14.75 | 9.98 | 1.94 | 63.65 |
| | | 공무원 수(1천 명당) | 227 | 7.40 | 5.35 | 1.52 | 33.45 |
| | 교육 | 대학생 비율(%) | 227 | 3.40 | 4.75 | 0.00 | 32.77 |
| | | 외국인 학교 유무 | 227 | 0.15 | 0.36 | 0.00 | 1.00 |
| | 외국인 관련 | 기존 외국인 비율(1천 명당) | 227 | 4.03 | 4.38 | 0.15 | 33.48 |
| | 지역 | 수도권 여부 | 227 | 0.29 | 0.45 | 0.00 | 1.00 |

주민은 평균이 0.86명(표준편차는 1.39명)이고 최소값은 0.04명이며 최대값은 12.62명으로, 외국인 유형 중 가장 적은 분포를 보이는 것으로 나타났다. 유학생 외국인 주민은 평균이 1.43명(표준편차는 2.55명)이고, 최소값은 0명이며 최대값은 13.32명으로 나타났다. 마지막으로 기타 외국인 주민은 평균이 2.66명(표준편차는 3.56명)이고, 최소값은 0.19명이며 최대값은 25.97명으로 나타났다.

다음으로 독립변수의 기술 통계를 살펴보겠다. 먼저, 산업적 측면에서 ㎢당 인구 수로 측정한 고용 밀도의 평균은 4,994..85명(표준편차는 4,624.48명)이고, 최소값은 777.62명이며 최대값은 38,182.3명으로 나타났다. 사업체 수는 1천 명당 업체 수로 측정하였다. 제조·건설업체 수는 평균이 9.41개(표준편차는 6.68개)이고, 최소값은 1.8개이며 최대값은 68.33개이다. 전문 서비스업체 수는 평균이 4.31개(표준편차는 2.06개)이고, 최소값은 2.33개이며 최대값은 21.22개로서 상대적으로 전국에 고르게 분포하고 있다. 외국인 투자 기업 수는 평균이 0.2개(표준편차는 0.55개)이고, 최소값은 0개이며 최대값은 5.56개이다.

주거적 측면에서 주거 지역 비율은 시가화 면적에서 주거 지역 면적이 차지하는 비율로 측정하였다. 주거 지역 비율은 평균이 70%(표준편차는 17.92%)이고, 최소값은 22.56%이며 최대값은 98.7%로 나타났다. 아파트 비율은 총 주택 호수에서 아파트 호수가 차지하는 비율로 측정하였다. 아파트 비율은 평균이 44.28%(표준편차는 24.88%)이고, 최소값은 0.26%이며 최대값은 89.86%로 나타났다. 면적당 재산세는 지가 수준을 측정하기 위한 대리 변수로서 ㎢당 1천 원 단위로 측정하였다. 면적당 재산세는 평균이 442.773.5천 원(표준편차는 1,068,652.6천 원)이고 최소값은 379.8천 원이며 최대값은 8,731,060.8천 원으로서, 지역 간 편차가 크게 나타나는 것으로 나타났다.

재정적 측면에서 1인당 지방소득세는 평균이 148.69천 원(표준편차는 327.81천 원)이고, 최소값은 23.36천 원이며 최대값은 4,399.77천 원으로서, 지역 간 편차가 크게 나타났다. 재정자립도는 평균이 28.13%(표준편차는 16.56%)이고, 최소값은 8.6%이며 최대값은 82.9%로 나타났다. 사회복지 측면에서 사회복지 예산 비중은 일반회계 예산액에서 사회복지비가 차지하는 비중으로 측정하였다. 사회복지 예산 비중은 평균이 26.43%(표준편차는 12.93%)이고, 최소값은 4.56%이며 최대값은 59.52%로 나타났다. 복지 시설 수는 10만 명당 시설 수로 측정하였다. 복지 시설 수는 평균이 14.75개(표준편차는 9.98개)이고, 최소값은 1.94개이며 최대값은 63.65개로 나타났다. 공무원 수는 1천 명당 공무원 수로 측정하였다. 공무원 수는 평균이 7.4명(표준편차는 5.35명)이고, 최소값은 1.52명이며 최대값은 33.45명으로 나타났다.

교육적 측면에서 대학생 비율은 지역 인구에서 대학생이 차지하는 비율로 측정하였다. 대학생 비율은 평균이 3.4%(표준편차는 4.75%)이고, 최소값은 0%이며 최대값은 32.77%로 나타났다. 외국인 학교 유무는 평균이 0.15개(표준편차는 0.36개)이고, 최소값은 0개이며 최대값은 1개로 나타났다. 기존 외국인 비율은 1999년도에 지역별로 1천 명당 외국인 수로 측정하였다. 기존 외국인 비율은 평균이 4.03명(표준편차는 4.38명)이고, 최소값은 0.15명이며 최대값은 33.48명으로 나타났다.

마지막으로 수도권 여부는 수도권 지역을 1로, 비수도권 지역을 0으로 측정하였다. 수도권 여부는 평균이 0.29개(표준편차는 0.45개)이고, 최소값은 0이며 최대값은 1로 나타났다.

## 2. 종속변수별 영향 요인 분석

영향 요인을 파악하기 위한 회귀분석은 먼저 전체 외국인 주민을 대상으로 실시하였고, 다음으로 각 체류 유형별로 구분하여 실시하였다. 전체 외국인 주민에 대한 분석 결과는 아래와 같다.

### 1) 전체 외국인 주민에 대한 영향 요인 분석

먼저, 전체 외국인 주민을 종속변수로 한 회귀분석을 실시하였다. 종속변수인 전체 외국인 주민의 비율에 대하여 독립변수들이 설명하는 정도를 나타내는 $R^2$값이 0.614로 나타나 61.4%의 설명력이 있다고 볼 수 있다.[4] 그리고 다중회귀모형의 통계적 유의성을 의미하는 F값은 20.914($p<0.01$)로 나타나, 이 모형이 통계적으로 유의한 것으로 나타났다. 이는 독립변수 중 적어도 하나는 종속변수에 통계적으로 유의한 영향을 미친다는 의미이다.

각 독립변수의 통계적 유의성을 보면, 산업적 측면에서는 고용 밀도, 제조·건설업체 수, 전문 서비스업체 수, 외국인 투자 기업 수 4개

4) 이 값은 분석모형에 투입된 16개의 독립변수가 종속변수에 대하여 61.4%의 분산을 설명할 수 있다는 것을 의미한다.

**표 4-4** 회귀분석 결과(종속변수: 전체 외국인 주민)

| 독립변수 | | 비표준화 계수 | | 표준화 계수 | t값 |
|---|---|---|---|---|---|
| | | (상수) | 표준오차 오류 | 베타 | |
| | (상수) | 32.830 | 6.722 | | 4.884*** |
| 산업 | 고용 밀도(명/㎢) | 0.001 | 0.000 | 0.437 | 4.111*** |
| | 제조 · 건설업체 수(1천 명당) | 0.666 | 0.138 | 0.304 | 4.823*** |
| | 전문 서비스업체 수(1천 명당) | −2.741 | 0.593 | −0.386 | −4.622*** |
| | 외국인 투자 기업 수(1천 명당) | 7.759 | 3.426 | 0.289 | 2.264** |
| 주거 | 주거 지역 비율(%) | −0.192 | 0.043 | −0.235 | −4.507*** |
| | 아파트 비율(%) | −0.047 | 0.057 | −0.080 | −0.819 |
| | 면적당 재산세(1천 원/㎢) | 0.000 | 0.000 | −0.128 | −1.284 |
| 재정 | 1인당 지방소득세(1천 원) | −0.010 | 0.005 | −0.221 | −1.918* |
| | 재정자립도(%) | 0.133 | 0.098 | 0.150 | 1.354 |
| 사회복지 | 사회복지 예산 비중(%) | −0.216 | 0.106 | −0.190 | −2.042** |
| | 복지 시설 수(10만 명당) | 0.025 | 0.085 | 0.017 | 0.294 |
| | 공무원 수(1천 명당) | −0.484 | 0.290 | −0.177 | −1.673* |
| 교육 | 대학생 비율(%) | 0.472 | 0.143 | 0.153 | 3.312*** |
| | 외국인 학교 유무 | 1.176 | 2.070 | 0.029 | 0.568 |
| 외국인 관련 | 기존 외국인 비율(1천 명당) | 0.558 | 0.233 | 0.167 | 2.393** |
| 지역 | 수도권 여부 | 4.064 | 2.626 | 0.126 | 1.548 |
| $R^2$ | | 0.614 | | | |
| F | | 20.914*** | | | |

주: 1) *** p<0.01, ** p<0.05, * p<0.1

2) 음영 처리된 변수는 통계적으로 유의하다는 의미임.

변수가 모두 5% 유의 수준 이하에서 종속변수에 통계적으로 의미있는 영향을 미치는 것으로 나타났다. 이 변수들 중 고용 밀도, 제조·건설업체 수, 외국인 투자 기업 수는 종속변수에 정(+)의 영향을 미치는 것으로 나타난 반면, 전문 서비스업체 수는 부(-)의 영향을 미치는 것으로 나타났다. 이러한 결과는 고용 밀도가 높을수록, 제조·건설업체 수와 외국인 투자 기업 수가 많을수록, 전문 서비스업체 수가 적을수록 전체 외국인 주민 비율이 평균적으로 높다는 것을 의미한다.

변수별로 계수값을 보면, 외국인 투자 기업 수가 7.759로 가장 크게 나타났고, 다음으로 전문 서비스업체 수는 -2.741, 제조·건설업체 수는 0.666, 기존 외국인 비율은 0.558 등으로 나타났다. 이 계수값의 의미를 제조·건설업체 수를 통하여 설명하면, 다른 조건이 동일하다면 제조·건설업체 수가 1 단위 증가하면 전체 외국인 주민 비율이 평균적으로 0.666만큼 증가한다는 것을 의미한다.

주거적 측면에서는 주거 지역 비율 변수가 1% 유의 수준 이하에서 종속변수에 통계적으로 의미있는 영향을 미치는 것으로 나타났고, 종속변수에 부(-)의 영향을 미치는 것으로 나타났다. 이 의미는 주거 지역 비율이 높을수록 전체 외국인 주민의 비율이 평균적으로 낮다는 것이다. 아파트 비율과 면적당 재산세 변수는 통계적으로 의미있는 영향을 미치지 않은 것으로 나타났다.

재정적 측면에서는 1인당 지방소득세 변수가 10% 유의 수준 이하에서 종속변수에 통계적으로 의미있는 영향을 미치는 것으로 나타났고, 종속변수에 부(-)의 영향을 미치는 것으로 나타났다. 이 의미는 1

인당 지방소득세가 많을수록 전체 외국인 주민의 비율이 평균적으로 낮다는 것이다. 재정자립도 변수는 통계적으로 유의미한 영향을 미치지 않은 것으로 나타났다.

사회복지 측면에서는 사회복지 예산 비중 변수가 5% 유의 수준 이하에서, 그리고 공무원 수 변수가 10% 유의 수준 이하에서 종속변수에 통계적으로 의미있는 영향을 미치는 것으로 나타났고, 모두 종속변수에 부(-)의 영향을 미치는 것으로 나타났다. 이 의미는 사회복지 예산 비중이 높을수록, 공무원 수가 많을수록 전체 외국인 주민의 비율이 평균적으로 낮다는 것이다. 복지 시설 수 변수는 통계적으로 유의미한 영향을 미치지 않은 것으로 나타났다.

교육적 측면에서는 대학생 비율 변수가 1% 유의 수준 이하에서 종속변수에 통계적으로 의미있는 영향을 미치는 것으로 나타났고, 종속변수에 정(+)의 영향을 미치는 것으로 나타났다. 이 의미는 대학생 비율이 높을수록 전체 외국인 주민의 비율이 평균적으로 높다는 것이다. 외국인 학교 유무 변수는 통계적으로 유의미한 영향을 미치지 않은 것으로 나타났다.

기존 외국인 비율 변수는 5% 유의 수준 이하에서 종속변수에 통계적으로 의미있는 영향을 미치는 것으로 나타났고, 모두 종속변수에 정(+)의 영향을 미치는 것으로 나타났다. 이 의미는 기존의 외국인 비율이 높을수록 전체 외국인 주민의 비율이 평균적으로 높다는 것이다. 마지막으로 수도권 여부 변수는 종속변수에 통계적으로 의미있는 영향을 미치지 않은 것으로 나타났다.

독립변수들의 회귀계수 값을 비교해 보면, 고용 밀도의 회귀계수가 유독 작게 나타났는데 그 이유는 변수들의 단위가 다르기 때문이다. 독립변수의 단위가 다를 때, 종속변수에 대한 독립변수들의 영향은 상대적 영향력의 크기를 나타내는 표준화 계수(베타) 값을 통하여 비교해야 한다. 표준화 계수는 독립변수가 1표준편차만큼 변화할 때 종속변수의 변화량을 의미한다. 분석 결과의 표준화 계수(베타) 값을 보면, 고용 밀도의 표준화 계수가 0.437로 나타나 비표준화 계수와 반대로 영향력이 가장 큰 것으로 나타난다.

이러한 분석 결과는 우리나라의 전체 외국인 구성에서 연유한 것으로 보인다. 우선, 우리나라 외국인 주민의 60% 정도를 노동 이주자가 차지하고 있다. 특히 단순 기능 인력 외국인은 전체 외국인 중 55%에 가까운 비율을 차지한다. 그로 인하여 전체 외국인 주민의 거주지 분포에 대한 영향 요인에서 이들의 거주지 선택이 크게 작용한 것으로 생각된다. 즉, 노동 이주자들은 통근을 위하여 직장 근처에 거주지를 선택하였을 것이다. 그 결과, 고용 밀도와 제조·건설업체 수, 외국인 투자 기업 수, 주거 지역 비율이 그들의 거주지 분포에 영향을 미치는 것으로 나타났다고 볼 수 있다. 반면, 전문 서비스업체 수는 부(-)의 영향을 미치는 것으로 나타났는데, 이는 우리나라의 노동 이주자들이 전체적으로 전문, 과학 및 기술 서비스업체와 교육 서비스업체보다는 제조·건설업체에 고용되기 때문인 것으로 보인다. 지역의 산업 분포상 제조·건설업체와 전문 서비스업체는 서로 다른 지역에 위치하는 경향을 보이기 때문에 전문 서비스업체 수 변수가 부(-)의 영향을 나타낸 것으로 생각된다.

그리고 우리나라의 외국인 주민의 출신국 분포는 경제적으로 저개발국에 속하는 아시아권 국가에 집중되어 있다. 그로 인하여 그들은 전체적으로 국내에서도 재정 수준이 높은 지역보다는 낮은 지역을 선택하는 것으로 보인다. 국내 사회복지 수준은 시・군 지역보다는 자치구에서 높게 나타난다(행정안전부, 2011: 165). 사회복지 측면 변수들이 부(-)의 영향을 미치는 것은 외국인 주민이 자치구보다는 시・군 지역을 선택하였기 때문인 것으로 보인다. 대학생 비율은 외국인 유학생으로 인하여 의미있는 변수로 나타난 것으로 생각된다.

마지막으로 이론적 논의와 선행 연구에서 나타난 바와 같이, 외국인은 이주한 국가에서 정착할 때 개별적으로 거주하기보다는 집단적으로 거주하기를 원한다는 것이 이 연구 결과에서도 기존 외국인 비율 변수를 통하여 확인된 것으로 판단된다. 현재와 비교하여 현저히 낮았던 1999년도의 외국인 비율이 2010년도의 외국인 비율에 영향을 미치는 것은 그것을 증명한다고 볼 수 있다.

이 분석 결과는 외국인 거주지 분포에 대한 영향 요인을 분석한 선행 연구(이진영・남진, 2012)의 결과와 일치하는 부분도 있지만 일부분 차이를 보인다. 그들의 연구 결과에서는 고용 밀도, 제조・건설업체 수, 주거 지역 비율, 기존 외국인 비율 변수의 영향이 이 연구와 동일하게 통계적으로 유의한 영향을 미치는 것으로 분석되었고, 외국인 학교 변수는 이 연구와 동일하게 통계적으로 유의하지 않은 것으로 나타났다. 그러나 전문 서비스업체 수, 외국인 투자 기업 수, 지가 수준 변수,[5] 아파트 비율, 대학 관련 변수[6]는 이 연구와 달리 통계적으로 유의미하지 않게 나타났다. 이러한 차이는 분석의 범위와 대상의 차이에서 기인한 것으로 보인다. 이진영・남진은 수도권만을 대상 지역으로 하였고, 또 분석 대상 또한 국적을 취득한 외국인을 제외한 등록 외국인만을 대상으로 하였다.

### 2) 단순 기능 인력 외국인 주민에 대한 영향 요인 분석

외국인 주민을 체류 유형별로 구분하여, 먼저 단순 기능 인력 외국인 주민을 종속변수로 한 회귀분석을 실시하였다. 종속변수인 단순 기능 인력 외국인 주민의 비율에 대하여 독립변수들이 설명하는 정도를 나타내는 $R^2$값은 0.579로 나타나 이 모형이 57.9%의 설명력을 가지고 있다고 볼 수 있다. 그리고 다중회귀모형의 통계적 유의성을 의미하는 F값은 18.044($p<0.01$)로 나타나, 이 모형이 1% 유의 수준에서 통계적으로 유의미하다는 것을 알 수 있다. 이는 독립변수 중 적어도 하나는 종속변수에 통계적으로 유의미한 영향을 미친다는 의미이다.

각 독립변수의 통계적 유의성을 보면, 산업적 측면에서는 고용 밀도, 제조・건설업체 수, 전문 서비스업체 수 3개 변수가 모두 1% 유의 수준 이하에서 종속변수에 통계적으로 의미있는 영향을 미치는 것으로 나타났다. 이 변수들 중 고용 밀도와 제조・건설업체 수는 종속변

5) 이 연구는 지가 수준을 면적당 재산세라는 대리 변수로 측정하였으나, 이진영・남진(2012)은 주거용도지역 표준지 공시지가의 평균으로 측정하였다.

6) 이 연구는 대학 관련 변수를 지역의 대학 재학생 비율로 측정한 반면, 이진영・남진(2012)은 고등교육기관 유무로 측정하였다.

**표 4-5** 회귀분석 결과(종속변수: 단순 기능 인력 외국인 주민)

| 독립변수 | | 비표준화 계수 | | 표준화 계수 | t값 |
|---|---|---|---|---|---|
| | | B | 표준오차 오류 | 베타 | |
| | (상수) | 17.480 | 5.121 | | 3.414*** |
| 산업 | 고용 밀도(명/㎢) | 0.001 | 0.000 | 0.373 | 3.360*** |
| | 제조·건설업체 수(1천 명당) | 0.814 | 0.105 | 0.509 | 7.730*** |
| | 전문 서비스업체 수(1천 명당) | −1.927 | 0.452 | −0.373 | −4.267*** |
| | 외국인 투자 기업 수(1천 명당) | 2.653 | 2.610 | 0.136 | 1.017 |
| 주거 | 주거 지역 비율(%) | −0.137 | 0.032 | −0.229 | −4.208*** |
| | 아파트 비율(%) | 0.005 | 0.044 | 0.012 | 0.121 |
| | 면적당 재산세(1천 원/㎢) | 0.000 | 0.000 | −0.135 | −1.288 |
| 재정 | 1인당 지방소득세(1천 원) | −0.009 | 0.004 | −0.277 | −2.301** |
| | 재정자립도(%) | 0.144 | 0.075 | 0.224 | 1.927* |
| 사회복지 | 사회복지 예산 비중(%) | −0.176 | 0.080 | −0.214 | −2.192** |
| | 복지 시설 수(10만 명당) | 0.040 | 0.065 | 0.037 | 0.620 |
| | 공무원 수(1천 명당) | −0.426 | 0.221 | −0.213 | −1.932* |
| 교육 | 대학생 비율(%) | 0.000 | 0.109 | 0.000 | 0.002 |
| | 외국인 학교 유무 | −0.541 | 1.577 | −0.018 | −0.343 |
| 외국인 관련 | 기존 외국인 비율(1천 명당) | 0.250 | 0.178 | 0.103 | 1.407 |
| 지역 | 수도권 여부 | 1.733 | 2.000 | 0.074 | 0.866 |
| $R^2$ | | 0.579 | | | |
| F | | 18.044*** | | | |

주: *** p<0.01, ** p<0.05, * p<0.1

수에 정(+)의 영향을 미치는 것으로 나타난 반면, 전문 서비스업체 수는 부(-)의 영향을 미치는 것으로 나타났다. 이러한 결과는 고용 밀도가 높을수록, 제조·건설업체 수가 많을수록, 전문 서비스업체 수가 적을수록 단순 기능 인력 외국인 주민 비율이 평균적으로 높다는 것을 의미한다.

주거적 측면에서는 주거 지역 비율 변수가 1% 유의 수준 이하에서 종속변수에 통계적으로 의미있는 부(-)의 영향을 미치는 것으로 나타났다. 이 의미는 주거 지역 비율이 높을수록 단순 기능 인력 외국인 주민의 비율이 평균적으로 낮다는 것이다. 아파트 비율과 면적당 재산세 변수는 통계적으로 유의미한 영향을 미치지 않은 것으로 나타났다.

재정적 측면에서는 1인당 지방소득세 변수가 5% 유의 수준 이하에서, 재정자립도 변수가 10% 유의 수준 이하에서 종속변수에 통계적으로 의미있는 영향을 미치는 것으로 나타났다. 두 변수 중 1인당 지방소득세는 종속변수에 부(-)의 영향을 미치는 것으로 나타난 반면, 재정자립도는 정(+)의 영향을 미치는 것으로 나타났다. 이 결과는 1인당 지방소득세가 낮을수록, 재정자립도가 높을수록 단순 기능 인력 외국인 주민의 비율이 평균적으로 높다는 것을 의미한다.

사회복지 측면에서는 사회복지 예산 비중 변수가 5% 유의 수준 이하에서, 그리고 공무원 수 변수가 10% 유의 수준 이하에서 종속변수에 통계적으로 의미있는 영향을 미치는 것으로 나타났고, 모두 종속변수에 부(-)의 영향을 미치는 것으로 나타났다. 이 의미는 사회복지 예산 비중이 높을수록, 공무원 수가 많을수록 단순 기능 인력 외국인 주민의 비율이 평균적으로 낮다는 것이다. 복지 시설 수 변수는 통계적으로 유의미한 영향을 미치지 않은 것으로 나타났다.

교육적 측면의 대학생 비율과 외국인 학교 유무 변수, 그리고 기존 외국인 비율, 수도권 여부 변수는 통계적으로 유의미한 영향을 미치지 않은 것으로 나타났다.

변수별로 계수값을 보면, 전문 서비스업체 수가 -1.927로 가장 크게 나타났고, 다음으로 제조·건설업체 수(0.814), 공무원 수(-0.4226) 순으로 높게 나타났다. 이 계수값의 의미를 전문 서비스업체 수를 통하여 설명하면, 다른 조건이 동일하다면 전문 서비스업체 수가 1단위 증가하면 단순 기능 인력 외국인 주민 비율이 평균적으로 1.927만큼 감소한다는 것을 의미한다.

종속변수에 대한 독립변수들의 영향을 표준화 계수(베타) 값을 통하여 비교하면 제조·건설업체 수가 0.509로 가장 크게 나타났고 전문 서비스업체 수와 고용 밀도가 0.373으로 높게 나타났다. 다만 전문 서비스업체 수와 고용 밀도의 부호는 서로 다르게 나타났다. 이러한 결과를 통하여 실질적으로 제조·건설업체 수가 단순 기능 인력 외국인 주민의 비율에 가장 큰 영향을 미친다는 것을 알 수 있다.

독립변수들이 종속변수인 단순 기능 인력 외국인 주민의 비율에 미치는 영향을 전체적으로 살펴보면 산업적 측면의 변수가 가장 큰 영향을 미친다는 것을 알 수 있다. 그들은 국내에 일자리를 찾아서 온 외국인이고 또 그들을 필요로 하는 일자리가 단순 노무에 집중되어 있어 이러한 결과가 나타났다는 것을 유추할 수 있다. 그들은 제조·

건설업체가 있는 지역에서 직장 가까운 곳에 거주하는 경향이 있다는 것을 알 수 있다. 반면, 전문 서비스업체는 전문, 과학 및 기술 서비스업체와 교육 서비스업체를 의미하는데, 이러한 업종은 보통 제조·건설업종이 밀집한 지역에 위치하지 않고 도시의 중심부에 위치하기 때문에 전문 서비스업체 수 변수의 회귀계수가 부(-)의 부호로 나타난 것으로 보인다.

거주 지역 비율 변수가 부(-)의 영향을 미치는 것으로 나타난 이유는 단순 기능 인력 외국인 주민이 제조·건설업체가 밀집한 공단 지역에 주로 거주하기 때문인 것으로 보인다. 그리고 재정적 측면에서 1인당 지방소득세 변수의 회귀계수가 음(-)의 값을 보인 것은 단순 기능 인력 외국인 주민이 거주하는 지역이 소득 수준이 낮은 지역이라는 것을 보여준다. 하지만 재정자립도의 회귀계수가 높게 나타난 이유는 그들이 공단이 입지하고 있는 시·군에 거주하기 때문인 것으로 보인다. 공장이 많은 지역은 다른 지역에 비하여 상대적으로 지방세 수준이 높기 때문에 자치단체의 재정자립도가 높게 나타난다. 단지 재정자립도가 높다는 것만으로 단순 기능 인력 외국인 주민이 재정적으로 풍족한 지역에 거주한다고 볼 수 없다. 사회복지 측면에서 사회복지 예산 비중과 공무원 수 변수가 반대의 영향을 미치는 이유는 시·군 지역에 비하여 자치구가 사회복지 예산 비중이 높고(행정안전부, 2011: 165), 공무원 비중이 높게 나타나기 때문인 것으로 보인다. 이를 통하여 단순 기능 인력 외국인 주민은 사회복지 측면은 거의 고려하지 않고 소득 활동만을 고려하여 거주지를 선택한다고 생각된다.

### 3) 결혼 이민자 외국인 주민에 대한 영향 요인 분석

다음으로 결혼 이민자 외국인 주민을 종속변수로 한 회귀분석을 실시하였다. 종속변수인 결혼 이민자 외국인 주민의 비율에 대하여 독립변수들이 설명하는 정도를 나타내는 $R^2$값은 0.514로 나타나, 이 모형이 51.4% 정도의 설명력을 가지고 있다는 것을 알 수 있다. 그리고 다중회귀모형의 통계적 유의성을 의미하는 F값은 13.858($p<0.01$)로 나타나, 이 모형의 독립변수 중 적어도 하나는 종속변수에 통계적으로 유의미한 영향을 미친다는 것을 확인할 수 있다.

각 독립변수의 통계적 유의성을 보면, 산업적 측면에서는 고용 밀도와 전문 서비스업체 수 2개 변수가 모두 1% 유의 수준 이하에서 종속변수에 통계적으로 의미있는 영향을 미치는 것으로 나타났다. 이 변수들 중 고용 밀도는 종속변수에 정(+)의 영향을 미치는 것으로 나타난 반면, 전문 서비스업체 수는 부(-)의 영향을 미치는 것으로 나타났다. 이러한 결과는 고용 밀도가 높을수록, 전문 서비스업체 수가 적을수록 결혼 이민자 외국인 주민 비율이 평균적으로 높다는 것을 의미한다.

주거적 측면에서는 주거 지역 비율과 아파트 비율 변수가 1% 유의 수준 이하에서 종속변수에 통계적으로 의미있는 부(-)의 영향을 미치는 것으로 나타났다. 이 의미는 주거 지역과 아파트 비율이 높을수록 결혼 이민자 주민의 비율이 평균적으로 낮다는 것이다. 면적당 재산세 변수는 통계적으로 유의미한 영향을 미치지 않은 것으로 나타났다. 재정적 측면에서는 1인당 지방소득세와 재정자립도 변수 모두 통계적으로 유의미한 영향을 미치지 않은 것으로 나타났다.

**표 4-6** 회귀분석 결과(종속변수: 결혼 이민자 외국인 주민)

| 독립변수 | | 비표준화 계수 | | 표준화 계수 | t값 |
|---|---|---|---|---|---|
| | | B | 표준오차 오류 | 베타 | |
| | (상수) | 7.259 | 0.906 | | 8.012*** |
| 산업 | 고용 밀도(명/㎢) | 0.000 | 0.000 | 0.317 | 2.657*** |
| | 제조 · 건설업체 수(1천 명당) | 0.012 | 0.019 | 0.044 | 0.619 |
| | 전문 서비스업체 수 (1천 명당) | −0.335 | 0.080 | −0.394 | −4.197*** |
| | 외국인 투자 기업 수 (1천 명당) | 0.105 | 0.462 | 0.033 | 0.228 |
| 주거 | 주거 시역 비율(%) | −0.017 | 0.006 | −0.170 | −2.904*** |
| | 아파트 비율(%) | −0.024 | 0.008 | −0.340 | −3.110*** |
| | 면적당 재산세(1천 원/㎢) | 0.000 | 0.000 | −0.078 | −0.696 |
| 재정 | 1인당 지방소득세(1천 원) | 0.001 | 0.001 | 0.129 | 0.997 |
| | 재정자립도(%) | −0.003 | 0.013 | −0.030 | −0.240 |
| 사회복지 | 사회복지 예산 비중(%) | −0.025 | 0.014 | −0.181 | −1.726* |
| | 복지 시설 수(10만 명당) | 0.030 | 0.011 | 0.173 | 2.666*** |
| | 공무원 수(1천 명당) | 0.002 | 0.039 | 0.005 | 0.042 |
| 교육 | 대학생 비율(%) | 0.010 | 0.019 | 0.027 | 0.519 |
| | 외국인 학교 유무 | 0.032 | 0.279 | 0.007 | 0.116 |
| 외국인 관련 | 기존 외국인 비율(1천 명당) | 0.041 | 0.031 | 0.102 | 1.301 |
| 지역 | 수도권 여부 | 0.939 | 0.354 | 0.242 | 2.654*** |
| $R^2$ | | 0.514 | | | |
| F | | 13.858*** | | | |

주: *** $p<0.01$, ** $p<0.05$, * $p<0.1$

사회복지 측면에서는 사회복지 예산 비중 변수가 10% 유의 수준 이하에서, 그리고 복지시설 수 변수가 1% 유의 수준 이하에서 종속변수에 통계적으로 의미있는 영향을 미치는 것으로 나타났다. 사회복지 예산 비중 변수는 종속변수에 부(-)의 영향을 미치는 것으로 나타난 반면, 복지시설 수 변수는 정(+)의 영향을 미치는 것으로 나타났다. 이 의미는 사회복지 예산 비중이 낮을수록, 복지 시설 수가 많을수록 결혼 이민자 외국인 주민의 비율이 평균적으로 높다는 것이다. 공무원 수 변수는 통계적으로 유의미한 영향을 미치지 않은 것으로 나타났다.

교육적 측면의 대학생 비율과 외국인 학교 유무 변수, 그리고 기존 외국인 비율 변수는 통계적으로 유의미한 영향을 미치지 않은 것으로 나타났다. 수도권 여부 변수는 1% 유의 수준에서 통계적으로 유미있는 정(+)의 영향을 미치는 것으로 나타나, 수도권에 결혼 이민자 주민 비율이 높다는 것을 알 수 있다.

변수별로 계수값을 보면, 수도권 여부 변수가 0.939로 가장 크게 나타났고, 다음으로 전문 서비스업체 수가 -0.335로 크게 나타났다. 이 계수값의 의미를 전문 서비스업체 수를 통하여 설명하면, 다른 조건이 동일하다면 전문 서비스업체 수가 1 단위 증가하면 결혼 이민자 외국인 주민 비율이 평균적으로 -0.335만큼 감소한다는 것을 의미한다.

종속변수에 대한 독립변수들의 영향을 표준화 계수(베타) 값을 통하여 비교하면 전문 서비스업체 수가 -0.394로 가장 크게 나타나고 아파트 비율과 고용 밀도가 각각 -0.340과 0.317로 높게 나타났다. 이러한 결과를 통하여 실질적으로 전문 서비스업체 수 변수가 결혼 이민자 외국인 주민의 비율에 가장 큰 영향을 미친다는 것을 알 수 있다.

독립변수들이 종속변수인 결혼 이민자 외국인 주민의 비율에 미치는 영향을 전체적으로 살펴보면, 수도권 여부 변수와 산업적 측면과 주거적 측면의 변수들이 큰 영향을 미친다는 것을 알 수 있다. 하지만 각 독립변수의 영향에 대하여 해석할 때, 결혼 이민자 외국인 주민의 특성을 고려하여야 한다. 우리나라의 결혼 이민자 외국인 주민은 2011년 기준으로 약 90%가 여성이 차지하고 있다. 그리고 이들의 거주지는 자신의 의사에 따라 결정되는 측면도 있지만 그보다는 배우자의 거주지가 상당 부분 영향을 미쳤다고 보아야 할 것이다(류주현, 2012).

산업적 측면의 고용 밀도 변수는 결혼 이민자 외국인 주민 비율에 정(+)의 영향을 미치는 반면, 전문 서비스업체 수 변수는 부(-)의 영향을 미치는 것으로 나타났다. 이러한 결과는 여성 결혼 이민자의 남편이 산업체가 많은 곳에 거주하지만 전문 서비스업체가 많은 도시 중심 지역에는 거주하지 않기 때문일 것이다. 최근에 국제 결혼의 도시화가 이루어지고 있다는 연구 결과를 통해서도 이를 유추할 수 있다(류주현, 2012).

비교적 최근에 발표된 「2009년 전국 다문화가족실태조사 연구」에 의하면, 결혼 이민자들의 상당수는 국내에서 경제 활동을 하고 있다. 그렇다면 그들이 경제 활동을 위하여 거주지를 근무지 근처로 결정하였을 것이라고 생각할 수 있다. 하지만, 조사 결과를 통하여 유추해 보면 결혼 이민 여성 대부분은 결혼 후에 일자리를 찾은 것으로 보인다.

주거적 측면에서 주거 지역 비율과 아파트 비율 변수가 부(-)의 회귀계수 값을 나타낸 것도 배우자의 거주지에 의한 것으로 생각된다. 결혼 이민 여성의 한국인 배우자의 소득 수준도 높지 않은 것으로 조사되고 있다(설동훈 · 윤홍식, 2008; 김승권 외, 2010). 그렇다면 한국인 남성 배우자는 전문직이나 화이트칼라에 종사하지 않고, 주택 가격이 높지 않은 지역에 거주할 가능성이 높다. 우리나라에서 아파트 비율이 높은 지역은 상대적으로 지가 수준이 높은 지역이라는 것을 의미한다.

사회복지 측면에서는 사회복지 예산 비중 변수가 부(-)의 영향을 미치는 것으로 나타난 이유는 결혼 이민자 외국인 주민의 비율이 사회복지 예산 비중이 전체적으로 높게 나타나는 자치구보다는 시 · 군 지역에서 높기 때문인 것으로 생각된다. 그러나 복지 시설 수 변수는 정(+)의 영향을 미치는 것으로 나타나 단순 기능 인력 외국인 주민과는 다른 분포를 보이는 것으로 나타났다. 이러한 결과를 통하여 결혼 이민자 외국인 주민과 배우자가 사회복지에 대하여 어느 정도 의식하고 있다고 사료된다.

마지막으로 수도권 여부 변수는 정(+)의 영향을 미치는 것으로 나타났는데, 이 결과는 결혼 이민 여성의 남성 배우자 중 대다수가 수도권 지역에 거주하고 있기 때문에 나타났다고 생각된다. 이러한 분석 결과는 국제 결혼이 과거의 농촌 지역 위주에서 도시 지역 중심으로 점차 변하고 있다는 연구 결과(류주현, 2012)와 일치하는 것이라고 볼 수 있다.

### 4) 전문 인력 외국인 주민에 대한 영향 요인 분석

전문 인력 외국인 주민을 종속변수로 하여 회귀분석을 실시하였다. 종속변수인 결혼 이민자 외국인 주민의 비율에 대하여 독립변수들이 설명하는 정도를 나타내는 $R^2$값은 0.576으로 나타나, 이 모형이 57.6% 정도의 설명력을 가지고 있다는 것을 알 수 있다. 그리고 다중회귀모형의 통계적 유의성을 의미하는 F값은 17.799($p<0.01$)로 나타나, 이 모형의 독립변수 중 적어도 하나는 종속변수에 통계적으로 유의미한 영향을 미친다는 것을 확인할 수 있다.

각 독립변수의 통계적 유의성을 보면, 산업적 측면에서는 제조·선설업체 수와 외국인 투자 기업 수 2개 변수가 모두 1% 유의 수준 이하에서 종속변수에 통계적으로 의미있는 영향을 미치는 것으로 나타났다. 이 변수들 중 제조·건설업체 수는 종속변수에 부(-)의 영향을 미치는 것으로 나타난 반면, 전문 서비스업체 수는 정(+)의 영향을 미치는 것으로 나타났다. 이러한 결과는 제조·건설업체 수가 적을수록, 외국인 투자 기업 수가 많을수록 전문 인력 외국인 주민 비율이 평균적으로 높다는 것을 의미한다.

주거적 측면에서는 주거 지역 비율, 아파트 비율, 면적당 재산세 변수 모두 종속변수에 통계적으로 유의미한 영향을 미치지 않은 것으로 나타났다. 재정적 측면에서는 1인당 지방소득세 변수가 10% 유의 수준 이하에서 종속변수에 통계적으로 의미있는 정(+)의 영향을 미치는 것으로 나타났다. 이는 전문 인력 외국인 주민이 상대적으로 재정 수준이 높은 지역에 거주하는 경향이 있다는 것이다. 사회복지 측면에서는 사회복지 예산 비중, 복지 시설 수, 공무원 수 모두 종속변수에 통계적으로 유의미한 영향을 미치지 않은 것으로 나타났다.

교육적 측면에서는 외국인 학교 유무가 1% 유의 수준 이하에서 종속변수에 통계적으로 의미있는 영향을 미치는 것으로 나타났다. 기존 외국인 비율 변수는 1% 유의 수준 이하에서 종속변수에 정(+)의 영향을 미치는 것으로 나타났다. 반면, 수도권 여부 변수는 10% 유의 수준 이하에서 종속변수에 부(-)의 영향을 미치는 것으로 나타났다.

변수별로 회귀계수 값을 살펴보면, 외국인 투자 기업 수 변수가 1.065로 가장 크게 나타났고, 다음으로 외국인 학교 유무(0.651)와 수도권 여부(-0.505) 변수가 크게 나타났다. 이 계수값의 의미를 외국인 투자 기업 수를 통하여 설명하면, 다른 조건이 동일하다면 외국인 투자 기업 수 비율이 1 단위 증가하면 전문 인력 외국인 주민 비율이 평균적으로 1.065만큼 증가한다는 것을 의미한다.

종속변수에 대한 독립변수들의 영향을 표준화 계수(베타) 값을 통하여 비교하면, 동일하게 외국인 투자 기업 수(0.418)가 가장 크게 나타났다. 다음으로 제조·건설업체 수 변수가 -0.315로 크게 나타났고, 이어서 기존 외국인 비율이 0.309로 크게 나타났다.

회귀분석 결과를 전체적으로 살펴보면, 전문 인력 외국인 주민의 특성이 거주지 결정에 영향을 미친 것으로 생각된다. 즉, 기존의 연구나 보고서에 의하면, 전문 인력 외국인 주민은 도시 중심지에 거주할 가능성이 높고, 그들은 상대적으로 소득 수준이 높으며, 국내에 장기간 거주하는 경향이 있다. 그러한 분석 결과들은 이 연구에서도 동일하게

**표 4-7** 회귀분석 결과(종속변수: 전문 인력 외국인 주민)

| 독립변수 | | 비표준화계수 | | 표준화계수 | t값 |
|---|---|---|---|---|---|
| | | B | 표준오차 오류 | 베타 | |
| | (상수) | 1.089 | 0.670 | | 1.625 |
| 산업 | 고용 밀도(명/㎢) | 0.000 | 0.000 | 0.111 | 0.996 |
| | 제조·건설업체 수(1천 명당) | −0.066 | 0.014 | −0.315 | −4.767*** |
| | 전문 서비스업체 수(1천 명당) | −0.070 | 0.059 | −0.103 | −1.175 |
| | 외국인 투자 기업 수(1천 명당) | 1.065 | 0.342 | 0.418 | 3.117*** |
| 주거 | 주거 지역 비율(%) | 0.001 | 0.004 | 0.012 | 0.210 |
| | 아파트 비율(%) | −0.005 | 0.006 | −0.082 | −0.802 |
| | 면적당 재산세(1천 원/㎢) | 0.000 | 0.000 | −0.110 | −1.053 |
| 재정 | 1인당 지방소득세(1천 원) | 0.001 | 0.001 | 0.235 | 1.946* |
| | 재정자립도(%) | 0.008 | 0.010 | 0.099 | 0.847 |
| 사회복지 | 사회복지 예산 비중(%) | −0.001 | 0.011 | −0.005 | −0.048 |
| | 복지 시설 수(10만 명당) | −0.014 | 0.008 | −0.098 | −1.610 |
| | 공무원 수(1천 명당) | −0.006 | 0.029 | −0.022 | −0.200 |
| 교육 | 대학생 비율(%) | 0.006 | 0.014 | 0.022 | 0.454 |
| | 외국인 학교 유무 | 0.651 | 0.206 | 0.167 | 3.152*** |
| 외국인 관련 | 기존 외국인 비율(1천 명당) | 0.098 | 0.023 | 0.309 | 4.221** |
| 지역 | 수도권 여부 | −0.505 | 0.262 | −0.164 | −1.928* |
| $R^2$ | | 0.576 | | | |
| F | | 17.799*** | | | |

주: *** p<0.01, ** p<0.05, * p<0.1

나타났다고 보여진다. 우선, 우리나라의 전문 인력 외국인 주민은 크게 연구·기술직과 외국어 강사로 구성되어 있어, 그들은 주로 도심지에 위치하거나 대학이나 기업 본사나 외국인 투자 기업 주변에 거주할 가능성이 높다. 그로 인하여 제조·건설업체 수 비율은 부(-)의 영향을 미치는 것으로 나타난 반면, 외국인 투자 기업 수는 정(+)의 영향을 미치는 것으로 나타났다고 생각된다. 다음으로, 전문 인력 외국인 주민은 상대적으로 소득 수준이 높아서 재정 수준이 높은 곳에 거주할 가능성이 높다는 것이 분석 결과에서 나타났다. 그리고 전문 인력 외국인 주민은 다른 외국인 주민보다 상대적으로 국내에 장기적으로 거주하기 때문에 자녀의 교육을 위하여 외국인 학교 주변에 거주지를 결정하는 것으로 나타났다.

전문 인력 외국인 주민은 장기간 거주하면서 또 오래전부터 외국인이 집단적으로 거주하였던 지역을 거주지로 선택하는 것으로 나타났다. 이는 임석희·송주연(2010)의 분석 결과와 어느 정도 일치하는 것이다. 하지만 전문 인력 외국인 주민은 수도권보다는 지방에 거주하는 경향이 있는 것으로 나타났다. 이는 연구직 종사자로 인한 결과로 보인다. 즉, 연구직 종사자 중 상당수가 대전광역시 내의 연구단지나 경상남도의 기업단지가 밀집된 지역에 거주하기 때문일 것이다.

### 5) 유학생 외국인 주민에 대한 영향 요인 분석

유학생 외국인 주민을 종속변수로 하여 회귀분석을 실시하였다. 종속변수인 결혼 이민자 주민의 비율에 대하여 독립변수들이 설명하는 정도를 나타내는 $R^2$값은 0.688으로 나타나, 이 모형이 68.8% 정도의 설명력을 가지고 있다는 것을 알 수 있다. 그리고 다중회귀모형의 통계적 유의성을 의미하는 F값은 28.967($p<0.01$)로 나타나, 이 모형의 독립변수 중 적어도 하나는 종속변수에 통계적으로 유의미한 영향을 미친다는 것을 확인할 수 있다.

각 독립변수의 통계적 유의성을 보면, 산업적 측면에서는 전문 서비스업체 수와 외국인 투자 기업 수 2개 변수가 종속변수에 통계적으로 의미있는 영향을 미치는 것으로 나타났다. 이 변수들 중 전문 서비스업체 수는 종속변수에 부(-)의 영향을 미치는 것으로 나타난 반면, 외국인 투자 기업 수는 정(+)의 영향을 미치는 것으로 나타났다. 이러한 결과는 전문 서비스업체 수가 적을수록, 외국인 투자 기업 수가 많을수록 전문 인력 외국인 주민 비율이 평균적으로 높다는 것을 의미한다.

주거적 측면에서는 주거 지역 비율, 아파트 비율, 면적당 재산세 변수 모두 종속변수에 통계적으로 유의미한 영향을 미치지 않은 것으로 나타났다. 재정적 측면에서도 1인당 지방소득세와 재정자립도 변수 모두 종속변수에 통계적으로 유의미한 영향을 미치지 않은 것으로 나타났다.

사회복지 측면에서는 복지 시설 수 변수가 10% 유의 수준 이하에서 종속변수에 통계적으로 의미있는 부(-)의 영향을 미치는 것으로 나타났다. 교육적 측면에서는 대학생 비율 변수가 1% 유의 수준 이하에서 종속변수에 통계적으로 의미있는 정(+)의 영향을 미치는 것으로 나타났다. 기존 외국인 비율 변수와 수도권 여부 변수는 모두 종속변

**표 4-8** 회귀분석 결과(종속변수: 유학생 외국인 주민)

| 독립변수 | | 비표준화 계수 B | 비표준화 계수 표준오차 오류 | 표준화 계수 베타 | t값 |
|---|---|---|---|---|---|
| | (상수) | 2.463 | 1.053 | | 2.338 |
| 산업 | 고용 밀도(명/㎢) | 0.000 | 0.000 | 0.090 | 0.944 |
| | 제조 · 건설업체 수(1천 명당) | −0.013 | 0.022 | −0.033 | −0.586 |
| | 전문 서비스업체 수(1천 명당) | −0.219 | 0.093 | −0.177 | −2.353** |
| | 외국인 투자 기업 수(1천 명당) | 1.049 | 0.537 | 0.225 | 1.954* |
| 주거 | 주거 지역 비율(%) | 0.002 | 0.007 | 0.016 | 0.346 |
| | 아파트 비율(%) | −0.006 | 0.009 | −0.058 | −0.667 |
| | 면적당 재산세(1천 원/㎢) | 0.000 | 0.000 | 0.096 | 1.072 |
| 재정 | 1인당 지방소득세(1천 원) | −0.001 | 0.001 | −0.067 | −0.650 |
| | 재정자립도(%) | −0.008 | 0.015 | −0.053 | −0.528 |
| 사회복지 | 사회복지 예산 비중(%) | −0.020 | 0.017 | −0.101 | −1.202 |
| | 복지 시설 수(10만 명당) | −0.024 | 0.013 | −0.095 | −1.823* |
| | 공무원 수(1천 명당) | −0.062 | 0.045 | −0.130 | −1.366 |
| 교육 | 대학생 비율(%) | 0.442 | 0.022 | 0.821 | 19.768*** |
| | 외국인 학교 유무 | −0.032 | 0.324 | −0.004 | −0.098 |
| 외국인 관련 | 기존 외국인 비율(1천 명당) | −0.051 | 0.037 | −0.087 | −1.393 |
| 지역 | 수도권 여부 | −0.329 | 0.412 | −0.058 | −0.800 |
| $R^2$ | | 0.688 | | | |
| F | | 28.967*** | | | |

주: *** p<0.01, ** p<0.05, * p<0.1

수에 통계적으로 의미있는 영향을 미치지 않은 것으로 나타났다.

이 모형에서는 16개 독립변수 중 4개의 변수만이 통계적으로 유의미한 영향을 미치는 것으로 나타났다. 독립변수별 회귀계수 값을 살펴보면, 외국인 투자 기업 변수가 1.049로 가장 크게 나타났고, 다음으로 대학생 비율이 0.442로 크게 나타났다. 이 계수값의 의미를 대학생 비율 변수를 통하여 설명하면, 다른 조건이 동일하다면 대학생 비율이 1단위 증가하면 유학생 외국인 주민 비율이 평균적으로 0.442만큼 증가한다는 것을 의미한다.

종속변수에 대한 독립변수들의 영향을 표준화 계수(베타) 값을 통하여 비교하면, 대학생 비율 변수가 0.821로 종속변수에 가장 큰 영향을 미치는 것으로 나타났다. 다음으로 외국인 투자 기업 수가 0.225로 나타났고, 전문 서비스업체 수가 -0.177로 나타났으며, 복지 시설 수 변수가 0.013으로 나타났다.

이러한 회귀분석 결과를 해석하는 데에 주의가 필요하다. 사실 유학생 외국인 주민의 거주지 선택에 전문 서비스업체 수와 외국인 투자 기업 수 변수는 거의 영향을 미치지 못할 것이다. 또한 복지시설 수도 큰 영향력이 없을 것이다. 그럼에도 이러한 변수들이 통계적으로 의미있는 영향을 미치는 것으로 나타난 것은 대학교의 위치와 관련되어 있기 때문일 것이다. 즉, 대학교가 입지한 지역에 전문 서비스업체 수가 적고 외국인 투자 기업 수가 많으며, 복지 시설 수가 적기 때문인 것으로 생각된다. 이 회귀분석에서는 대학생 비율 변수만이 실질적으로 영향을 미치는 변수로 고려하는 것이 타당할 것이다.

### 6) 기타 외국인 주민에 대한 영향 요인 분석

마지막으로 기타 외국인 주민을 종속변수로 하여 회귀분석을 실시하였다. 종속변수인 기타 외국인 주민의 비율에 대하여 독립변수들이 설명하는 정도를 나타내는 $R^2$값은 0.614로 나타나, 이 모형이 61.4% 정도의 설명력을 가지고 있다는 것을 알 수 있다. 그리고 다중회귀모형의 통계적 유의성을 의미하는 F값은 20.863($p<0.01$)으로 나타나, 이 모형의 독립변수 중 적어도 하나는 종속변수에 통계적으로 유의미한 영향을 미친다는 것을 확인할 수 있다.

각 독립변수의 통계적 유의성을 보면, 산업적 측면에서는 고용 밀도, 제조·건설업체 수, 외국인 투자 기업 수 변수가 종속변수에 통계적으로 의미있는 영향을 미치는 것으로 나타났다. 이 변수들 중 제조·건설업체 수는 종속변수에 부(-)의 영향을 미치는 것으로 나타난 반면, 고용 밀도와 외국인 투자 기업 수는 정(+)의 영향을 미치는 것으로 나타났다. 이러한 결과는 고용 밀도가 높을수록, 제조·건설업체 수가 적을수록, 외국인 투자 기업 수가 많을수록 기타 외국인 주민 비율이 평균적으로 높다는 것을 의미한다.

주거적 측면에서는 주거 지역 비율 변수만이 종속변수에 통계적으로 유의미한 영향을 미치지 않은 것으로 나타났다. 재정적 측면에서도 1인당 지방소득세와 재정자립도 변수 모두 종속변수에 통계적으로 유의미한 영향을 미치지 않은 것으로 나타났다. 사회복지 측면에서도 사회복지 예산 비중, 복지 시설 수, 공무원 수 변수 모두 종속변수에 통계적으로 유의미한 영향을 미치지 않는 것으로 나타났다. 교육적 측면

**표 4-9** 회귀분석 결과(종속변수: 기타 외국인 주민)

| 독립변수 | | 비표준화 계수 | | 표준화 계수 | t값 |
|---|---|---|---|---|---|
| | | B | 표준오차 오류 | 베타 | |
| | (상수) | 4.539 | 1.637 | | 2.773*** |
| 산업 | 고용 밀도(명/㎢) | 0.000 | 0.000 | 0.413 | 3.883*** |
| | 제조·건설업체 수(1천 명당) | −0.080 | 0.034 | −0.151 | −2.389** |
| | 전문 서비스업체 수(1천 명당) | −0.190 | 0.144 | −0.110 | −1.315 |
| | 외국인 투자 기업 수(1천 명당) | 2.886 | 0.834 | 0.442 | 3.459*** |
| 주거 | 주거 지역 비율(%) | −0.042 | 0.010 | −0.211 | −4.046*** |
| | 아파트 비율(%) | −0.018 | 0.014 | −0.123 | −1.263 |
| | 면적당 재산세(1천 원/㎢) | 0.000 | 0.000 | −0.112 | −1.116 |
| 재정 | 1인당 지방소득세(1천 원) | −0.002 | 0.001 | −0.186 | −1.610 |
| | 재정자립도(%) | −0.008 | 0.024 | −0.038 | −0.339 |
| 사회복지 | 사회복지 예산 비중(%) | 0.006 | 0.026 | 0.020 | 0.219 |
| | 복지 시설 수(10만 명당) | −0.008 | 0.021 | −0.022 | −0.378 |
| | 공무원 수(1천 명당) | 0.008 | 0.071 | 0.012 | 0.110 |
| 교육 | 대학생 비율(%) | 0.014 | 0.035 | 0.019 | 0.402 |
| | 외국인 학교 유무 | 1.065 | 0.504 | 0.107 | 2.112** |
| 외국인 관련 | 기존 외국인 비율(1천 명당) | 0.220 | 0.057 | 0.270 | 3.874*** |
| 지역 | 수도권 여부 | 2.226 | 0.639 | 0.283 | 3.482*** |
| $R^2$ | | 0.614 | | | |
| F | | 20.863*** | | | |

주: *** p<0.01, ** p<0.05, * p<0.1

에서는 외국인 학교 유무 변수가 5% 유의 수준 이하에서 종속변수에 통계적으로 의미있는 정(+)의 영향을 미치는 것으로 나타났다. 기존 외국인 비율 변수와 수도권 여부 변수는 모두 1% 유의 수준 이하에서 종속변수에 통계적으로 의미있는 영향을 미치는 것으로 나타났다.

독립변수별 회귀계수 값을 살펴보면, 외국인 투자 기업 변수가 2.886으로 가장 크게 나타났고, 다음으로 수도권 여부 변수가 2.226으로 나타났으며, 이어서 외국인 학교 유무 변수가 1.065로 나타났다. 이 계수값의 의미를 외국인 투자 기업 수 변수를 통하여 설명하면, 다른 조건이 동일하다면 외국인 투자 기업 비율이 1 단위 증가하면 기타 외국인 주민 비율이 평균적으로 2.886만큼 증가한다는 것을 의미한다. 종속변수에 대한 독립변수들의 영향을 표준화 계수(베타) 값을 통하여 비교하면, 외국인 투자 기업 수 변수가 0.442로 가장 크게 나타났고, 고용 밀도, 수도권 여부, 기존 외국인 비율 순으로 이어졌다.

기타 외국인 주민에 대한 회귀분석 결과를 전체적으로 살펴보면, 전문 인력 외국인 주민과 유사한 면이 있는 것으로 보인다. 기타 외국인 주민은 외국인 투자 기업이 많은 곳에 위치하면서, 외국인 학교가 있는 곳에 거주하고, 또 기존 외국인이 밀집되어 있는 곳에 거주지를 결정하는 경향을 보인다. 이는 앞에서 분석한 전문 인력 외국인 주민 유형과 동일한 특성이다. 하지만 이들은 전문 인력 외국인 주민과 달리 수도권을 선호하는 것으로 나타났다.

2011년 현재 기타 외국인 주민은 전체 외국인 주민 중 15% 정도를 차지하고 있다. 이들이 전문 인력 외국인 주민과 유사한 영향 요인을 보이는 것을 통하여 장기간 거주하고 있는 자들임을 유추할 수 있다. 좀 더 정확하게 파악하기 위하여 이들의 국적을 3장에서 국적별, 체류 유형별 등록 외국인 현황을 통하여 살펴본 결과, 한국계 중국인, 중국인, 타이완인, 미국인이 많이 나타났다. 이 국적의 외국인의 특징은 우리나라에 집단적으로 거주하기 시작한 시기가 다른 국가의 외국인에 비하여 상대적으로 더 오래되었다는 것이다. 특히 타이완인의 국내 거주는 화교의 국내 거주 시작 시점으로 거슬러 올라간다. 이 특징으로 인하여 분석 결과에서도 외국인 학교 유무 변수와 기존 외국인 비율 변수가 의미있는 영향 요인으로 나타난 것으로 생각된다. 그리고 수도권 여부 변수가 통계적으로 유의미하게 나타난 것은 기타 외국인 주민에 한국계 중국인이 다수 포함되어 있기 때문인 것으로 보인다.

### 7) 체류 유형별 영향 요인 비교

이상에서 외국인 주민을 체류 유형별로 구분하여 각 유형별 외국인 주민의 거주지에 영향을 미치는 요인을 파악하기 위하여 회귀분석을 실시하였다. 회귀분석 결과, 각 유형별로 통계적으로 영향을 미치는 요인에는 공통된 것도 있지만 반대되는 것도 있었다. 각 유형별로 영향을 미치는 요인을 비교하면 <표 4-10>과 같다. 이러한 결과를 통하여 몇 가지 특징을 정리할 수 있다.

첫째, 체류 유형별로 외국인 주민의 거주지 결정에 미치는 영향 요인에는 분명한 차이를 보인다. 단순 기능 인력 외국인 주민의 거주지는 제조·건설업체 주변 지역과 거주 비용이 높지 않은 지역으로 이

**표 4-10** 종속변수별 회귀계수 비교

| 독립변수 | | 전체 외국인 주민 | 단순 기능 인력 외국인 주민 | 결혼 이민자 주민 | 전문 인력 외국인 주민 | 유학생 외국인 주민 | 기타 외국인 주민 |
|---|---|---|---|---|---|---|---|
| 산업 | 고용 밀도(명/㎢) | 0.001 | 0.001 | 0.000 | 0.000 | 0.000 | 0.000 |
| | 제조 · 건설업체 수 (1천 명당) | 0.666 | 0.814 | 0.012 | −0.066 | −0.013 | −0.080 |
| | 전문 서비스업체 수 (1천 명당) | −2.741 | −1.927 | −0.335 | −0.070 | −0.219 | −0.190 |
| | 외국인 투자 기업 수 (1천 명당) | 7.759 | 2.653 | 0.105 | 1.065 | 1.049 | 2.886 |
| 주거 | 주거 지역 비율(%) | −0.192 | −0.137 | −0.017 | 0.001 | 0.002 | −0.042 |
| | 아파트 비율(%) | −0.047 | 0.005 | −0.024 | −0.005 | −0.006 | −0.018 |
| | 면적당 재산세 (1천 원/㎢) | 0.000 | 0.000 | 0.000 | 0.000 | 0.000 | 0.000 |
| 재정 | 1인당 지방소득세 (1천 원) | −0.010 | −0.009 | 0.001 | 0.001 | −0.001 | −0.002 |
| | 재정자립도(%) | 0.133 | 0.144 | −0.003 | 0.008 | −0.008 | −0.008 |
| 사회 복지 | 사회복지 예산 비중(%) | −0.216 | −0.176 | −0.025 | −0.001 | −0.020 | 0.006 |
| | 복지 시설 수 (10만 명당) | 0.025 | 0.040 | 0.030 | −0.014 | −0.024 | −0.008 |
| | 공무원 수(1천 명당) | −0.484 | −0.426 | 0.002 | −0.006 | −0.062 | 0.008 |
| 교육 | 대학생 비율(%) | 0.472 | 0.000 | 0.010 | 0.006 | 0.442 | 0.014 |
| | 외국인 학교 유무 | 1.176 | −0.541 | 0.032 | 0.651 | −0.032 | 1.065 |
| 외국인 관련 | 기존 외국인 비율 (1천 명당) | 0.558 | 0.250 | 0.041 | 0.098 | −0.051 | 0.220 |
| 지역 | 수도권 여부 | 4.064 | 1.733 | 0.939 | −0.505 | −0.329 | 2.226 |
| $R^2$ | | 0.614 | 0.579 | 0.514 | 0.576 | 0.688 | 0.614 |

루어진다고 볼 수 있다. 대부분 여성으로 이루어진 결혼 이민자 주민은 남성 배우자의 거주지에 의하여 결정되고, 배우자의 거주지는 도시 지역이지만 경제적으로 중산층 이하 지역인 것으로 생각된다. 전문 인력 외국인 주민은 상대적으로 국내에 장기간 체류할 수 있고 또 경제적으로 부족하지 않기 때문에 재정 수준이 높은 지역에 거주하고, 자녀 교육을 위하여 외국인 학교 인근에 위치하며, 기존 외국인 밀집 지역에 거주하는 경향이 있는 것으로 판단된다. 유학생 외국인 주민은 통학을 위하여 대학교 인근에 거주지를 결정하는 것으로 보인다. 기타 외국인 주민은 전문 인력은 아니지만 화교 집단이나 장기 체류자의 가족이라는 신분으로 인하여 기존 외국인 밀집 지역에 거주하는 경향이 있고, 외국인 학교 주변에 거주지를 결정하는 경향이 있는 것으로 보인다. 한편 이들 중 상당수는 한국계 중국인으로서 수도권을 선호하는 것으로 나타났다.

둘째, 체류 유형별로 유의미한 영향 요인에는 차이가 있지만, 전체적으로 산업적 측면의 변수들이 외국인 주민의 거주지 결정에 높은 영향력을 미친다는 것을 알 수 있다. 반면, 주거적 측면과 사회복지 측면의 변수들은 큰 영향을 미치지 않은 것으로 나타났다.

셋째, 체류 유형별로 분명한 차이를 보이는 변수는 외국인 학교 유무와 기존 외국인 비율 변수이다. 이 두 변수가 외국인 주민의 거주 기간과 밀접하게 관련되어 있기 때문에 그러한 차이가 발생한 것으로 생각된다. 단순 기능 인력 외국인 주민, 결혼 이민자 주민, 유학생 외국인 주민은 전문 인력 외국인 주민이나 화교 집단에 비하여 국내에서 거주하기 시작한 지 오래되지 않았다. 특히 결혼 이민자 주민과 유학생 외국인 주민은 2000년대에 들어서 증가하기 시작하였기 때문에 1999년의 외국인 비율과 무관한 것으로 보인다. 또 한편으로 단순 기능 인력 외국인 주민은 모두 국내에서 비교적 단기간 체류하다가 본국으로 돌아가야 하는 대상이다. 그로 인하여 기존 외국인 비율 변수가 영향을 덜 미친 것으로 생각된다.

넷째, 수도권에 거주하는 경향은 결혼 이민자 주민과 기타 외국인 주민에게서 두드러지게 나타났다. 단순 기능 인력 외국인 주민이나 유학생 외국인 주민 모두 절대 수에서는 수도권 거주 인구가 많지만, 인구 수를 반영하였을 경우에는 수도권이 더 높다고 볼 수 없다. 이와같이 체류 유형별로 차이가 발생하는 것은 국적에 기인한 것으로 보인다. 외국인 국적 중 한국계 중국인의 경우 서울을 중심으로 수도권에 거주하는 경향이 두드러지게 나타나는데, 결혼 이민 여성과 기타 외국인 주민에 한국계 중국인이 높은 비중을 차지하고 있다.

### 3. 분석 결과에 대한 논의

외국인 주민을 체류 유형별로 구분하여 각 유형별로 거주지 분포에 미치는 영향 요인을 분석하였다. 분석 결과, 면적당 재산세를 제외한 모든 독립변수가 적어도 하나의 종속변수에 영향을 미치는 것으로 나타났다. 그러나 통계적으로 유의미한 변수의 영향을 그대로 수용하는 것은 외적 타당성에 문제가 있을 수 있다. 각 유형별 외국인 주민의 거주지 분포에 영향을 미치는 것으로 나타난 요인 중에는 실제로 영향을 미쳤다기보다는 다른 요인에 의하여 나타난 의사 효과일 수도 있다. 따라서 그러한 변수에 대한 분석 결과는 주의를 기울여서 해석할 필요가 있다. 앞에서 언급하였듯이 유학생 외국인 주민 변수에 전문 서비스업체 수와 복지 시설 수 변수는 부(-)의 영향을 미치고, 외국인 투자 기업 수는 정(+)의 영향을 미치는 것으로 나타났다. 그러나 이러한 변수들이 직접적으로 영향을 미쳤다고 해석하는 것은 현실적으로 설명되지 않는다. 사실은 대학교가 입지한 지역에 전문 서비스업체 수와 복지시설 수가 적고, 외국인 투자 기업 수가 많기 때문에 그러한 결과가 나타났을 것이다. 마찬가지로 단순 기능 인력 외국인 주민 변수에 재정자립도가 통계적으로 유의한 영향을 미치는 것으로 나타났지만, 사실 단순 기능 인력 외국인 주민이 밀집 해 있는 지역이 산업단지가 위치해 있어 재정자립도가 높게 나타났을 가능성이 높다. 그리고 사회복지 예산 비중과 공무원 수 변수 또한 단순 기능 인력 외국인 주민의 거주지 결정에 영향을 미쳤다고 보는 데에도 무리가 있다. 그러한 해석보다는 단순 기능 인력 외국인 주민 변수에 대하여 이러한 변수들의 의사 효과를 통해서는 그들의 전반적인 생활 조건을 추정하는 방향으로 파악하는 것이 적절하다. 즉, 그들의 근무지가 있는 지역의 사회복지 서비스 여건이 열악한 경향이 있다는 것으로 보아야 할 것이다.

각 유형별 외국인 주민 거주지 분포에 공통적으로 영향을 미치는 요인들이 나타났지만, 각 유형별로 영향을 미치는 요인에는 분명한 차이가 나타났다. 이를 통하여 외국인 주민이 유형별로 다른 조건의 지역에서 거주하고 있다는 것을 확인할 수 있다. 각 유형별 외국인 주민이 서로 여건이 다른 지역에서 거주한다면, 우리나라 사회에 각기 다른 형태의 영향을 미치게 될 것이다. 단순 기능 인력은 공단이나 상업 지역 주변의 도시 환경에 변화를 줄 것이고, 전문 인력은 상대적으로 부유한 계층이 거주하는 지역에서 주변 환경에 영향을 미칠 수 있다. 그리고 외국인 유학생은 대학 주변에서 도시 환경을 변화시킬 것이다. 일례로 2000년대에 중국인 유학생의 급격히 증가하면서 대학 주변에 중국인이 운영하는 식당이 점차 늘어나고 있다. 따라서 많은 외국인이 거주하는 지방정부에서는 외국인의 유형에 맞추어 필요한 정책을 추진하여야 할 것이다. 이러한 점에서 외국인을 유형별로 구분하여 특정 유형을 대상으로 심도있게 분석한 연구들이 좀 더 활발하게 이루어질 필요가 있다고 생각된다.

우리나라의 이주민 또는 외국인의 거주지 분포는 미국, 캐나다, 호주 등과 같은 전통적인 이민 국가와는 차이가 있다. 이는 외국인 주민의 거주지 분포에 영향을 미치는 요인을 통해서도 드러난다. 우리나라 외국인 주민의 거주지 결정에는 전체적으로 경제적 이론과 사회적 자본 이론이 높은 설명력을 갖는 것으로 나타났다. 그리고 교육적 요인도 상대적으로 높은 영향을 미치는 것으로 나타났다. 반면, 주거적 요인은 외국인의 거주지 분포에 큰 영향 요인으로 작용하지 않는 것으로 나타났다. 그 이유는 경제적 이윤 추구와 동족 간의 사회적 관계가 더 중요한 요인으로 작용하기 때문인 것으로 사료된다. 단순 기능 인력, 전문 인력, 기타 외국인 주민은 아직까지 우리나라에서 이방인이나 다름없다. 전통적인 이민 국가와 달리 우리나라는 외국인의 본격적인 이주가 시작된 지 불과 몇 년 지나지 않았고, 또 국내에 체류하고 있는 외국인 중 단순 기능 인력이 높은 비율을 차지하고 있다. 단순 기능 인력의 경우, 2년 또는 길게는 4, 5년 이내로만 체류할 수 있고, 그들도 경제적 목적을 달성한 후에는 다시 본국으로 돌아갈 것을 전제하고 있어 거주지는 대부분 직장과 가까운 곳으로 결정하게 된다. 전문 인력 외국인 주민도 장기간 거주하기는 하지만 이들도 일정 기간이 지나면 본국으로 돌아가는 것을 전제로 생활하고 있다(임석희·송주연, 2010). 미국이나 캐나다의 이주민들에게 거주지는 생활 전반적인 근거지가 되는데 반해, 우리나라의 외국인들에게 거주지는 일정 기간 동안 경제적인 이윤 활동을 위하여 머무르는 임시 거처일 뿐이다.

그러나 우리나라도 점차 외국인이 증가하게 되면 외국인의 거주지 결정에 영향을 미치는 요인에도 변화가 일어날 것이다. 아직까지 경제적 요인은 단순 기능 인력 외국인 주민에게서 가장 두드러지게 나타났고, 사회적 자본 요인은 전문 인력 외국인 주민과 기타 외국인 주민에게서만 강하게 나타나고 있다. 그 이유는 사회적 자본 요인은 네트워크나 상호 유대감은 장기간에 걸쳐 형성되기 때문에 상대적으로 우리나라에 장기간 거주하였던 외국인 주민에게서 나타났기 때문이다. 향후 기능 노동 인력 외국인 중에서 우리나라에 장기간 거주하는 이들이 많아지게 되면 그들의 거주지 결정에도 사회적 자본 요인이 강하게 영향을 미칠 것이다.

제 5 장

# 결론 및 정책적 시사점

## 제1절 요약 및 결론

이 연구는 우리나라에서 외국인이 급격히 증가하면서 마련된 일련의 다문화 정책 및 사회 통합 정책이 소기의 성과를 내는 데 도움이 되는 정보와 지식을 제공하고자 외국인을 체류 유형별로 구분하여 각 유형별 외국인의 거주지 분포에 영향을 미치는 요인들을 분석하였다. 분석에 앞서, 국제 이주와 거주지 분포에 관한 이론들을 검토하고 또 우리나라의 외국인 거주 역사와 현황에 대하여 세부적으로 살펴보았다.

외국인의 현황 파악은 2011년 외국인 거주지 분포 현황과 1995년부터 2011년까지 17년간의 거주지 분포 변화에 대하여 통계 자료를 활용하여 살펴보았다. 우리나라의 등록 외국인은 1995년의 11만 명에 불과하였으나 2011년 말에는 98만 명을 넘어서 100만 명에 육박하고 있다. 이는 전체 인구에서 1.9%를 차지하는 수치이다. 그리고 외국인은 지속적으로 증가하는 추세를 보이고 있다. 한편 외국인의 증가와 함께 우리나라 국적을 취득한 귀화자도 증가하고 있는데, 최근 결혼 이민자의 증가로 귀화자도 대폭 증가하여 2011년 말에 11만 명을 넘어섰다. 등록 외국인을 체류 유형별로 구분하여 살펴보면, 노동자가 절반 이상을 차지하여 가장 높은 비율을 차지하는 것으로 나타났고, 국적별로는 한국계 중국인이 40%를 차지하여 가장 많은 것으로 나타났다. 그리고 경제적으로 낙후된 아시아 국가의 외국인 중 대부분이 단순 기능 인력 자격으로 거주하고 있고, 미국이나 일본 등의 선진 국가의 외국인의 상당수는 전문 인력 자격으로 거주하고 있었다. 외국인의 65% 정도가 서울, 인천, 경기도의 수도권에 분포하고 있고, 세부적으로는 안산시, 영등포구, 구로구, 수원시, 화성시 등에 가장 많이 분포하고 있었다.

외국인 거주지 분포에 영향을 미치는 요인을 파악하기 위하여 이론적 논의와 선행 연구 검토를 통하여 독립변수와 종속변수를 설정하고 다중회귀분석을 실시하였다. 분석 단위는 시·군·자치구의 기초자치단체로 하였고, 대상 지역은 제주 지역을 제외한 전국 227개 시·군·자치구로 하였다. 종속변수로는 거주 인구 1천 명당 외국인 주민 수와 외국인을 단순 기능 인력, 결혼 이민자, 전문 인력, 유학생이라는 체류 유형별로 구분하여 거주 인구 1천 명당 외국인 주민 수로 설정하였다. 여기에서 외국인 주민은 등록 외국인과 국적을 취득한 외국인을 합한 수치를 말한다. 국적을 취득한 외국인 중에서 결혼 이민자는 체류 유형으로 구분하였고, 나머지는 기타 외국인 주민에 포함하였다. 종속변수에 영향을 미칠 것이라고 예상되는 독립변수로 산업적 측면, 주거적 측면, 재정적 측면, 사회복지 측면, 교육적 측면, 외국인 관련 측면, 지역적 측면을 고려하여 고용 밀도, 제조·건설업체 수, 전문 서비스업 수, 외국인 투자 기업 수, 주거 지역 비율, 아파트 비율, 면적당 재산세, 1인당 지방소득세, 재정자립도, 사회복지 예산 비중, 복지 시설 수, 공무원 수, 대학생 비율, 외국인 학교 유무, 기존 외국인 비율(1999년 외국인 비율), 수도권 여부를 설정하였다. 자료의 시점은 전체 변수에 대하여 수집이 가능한 최근 연도로 하여 2010년으로 하였다.

다중회귀분석을 실시한 결과, 전체적으로 외국인 거주지 분포에 산업적 측면, 교육적 측면, 외국인 관련성, 지역적 측면이 더 큰 영향을 미치는 것으로 나타난 반면, 주거적 측면, 재정적 측면, 사회복지 측면은 상대적으로 영향력이 작은 것으로 나타났다. 그러나 체류 유형별로 영향을 미치는 변수에서 차이가 나타났다.

단순 기능 인력 외국인 주민의 거주지에 영향을 미치는 요인을 종합적으로 고려하면 이들이 공단 지역을 중심으로 저소득 계층과 같은 생활 양상을 보이는 것으로 보인다. 이들에게는 거주지가 선택의 대상이라기보다는 선택의 여지가 없이 주어진 여건이라고 보는 것이 타당할 것이다. 반면, 전문 인력 외국인 주민은 경제적인 여유를 바탕으로 자신들만의 생활 공간을 선택하는 것으로 생각된다. 이들은 자신의 사회적 유대 관계와 자녀의 양육을 위하여 거주지를 선택하는 것으로 나타났고, 또 재정적인 여건이 좋은 지역을 선호하는 것으로 나타났다. 또 결혼 이민자 외국인 주민은 배우자의 거주지 결정에 따라 거주지가 결정된다고 보이는데, 이들의 거주지는 다소 저소득층 지역에 가깝다고 생각된다. 유학생 외국인 주민은 주로 대학 주변에서 재학 기간 동안 임시적으로 머무르는 것으로 보인다.

이와같이 외국인 주민 유형에 따라 거주지 분포 현상이 일어나고 있고, 우리나라의 인력 정책을 고려하면 이러한 현상은 향후 오랫동안 지속되어 고착될 것으로 예상된다. 이에 따라 적절한 정책적 대응을 통하여 예상되는 문제들을 사전에 예방하는 것이 필요할 것이다.

## 제2절 정책적 시사점

이 연구의 분석 결과를 토대로 우리나라의 외국인 정책과 관련하여 몇 가지 시사점을 생각해 볼 수 있다. 우리나라의 외국인 주민은 이제 2%를 넘어서는 수준으로서 아직 다문화 사회라고 보기에는 이른 감이 있다.[1] 특히 외국인 주민의 40% 정도를 한국계 중국인이 차지하고 있어 언어적·문화적으로 이질감을 크게 느끼게 하는 외국인 주민은 이제 갓 1%를 넘어선 수준이다. 그러나 우리나라의 외국인이 2020년

1) 다문화 사회를 판가름하는 외국인 비율은 현재로서는 분명하지 않다. 다만, 유럽 주요국을 보았을 때, 5%를 넘어서서 10% 가까이 되었을 때를 의미한다고 여겨진다. 2010년 기준으로 영국은 7%, 프랑스는 5.8%, 독일은 8.7%, 이탈리아는 7%, 노르웨이는 6.8%, 스페인은 12.3%를 외국인이 차지하고 있다.

에는 5%, 2050년에는 10% 가까이에 이를 것이라는 통계청 전망을 고려한다면 현재의 상태와 추이를 바탕으로 하여 향후 도래할 다문화 사회를 대비하는 정책적 대응이 요구된다.

이 연구의 분석 결과를 통하여 고려할 수 있는 첫 번째 사항은 외국인의 유형에 따른 거주지 분포이다. 몇몇 선행 연구에 의하면 외국인은 국적별로 집단 거주지를 형성하는 것으로 나타나고 있는데, 이 연구의 분석 결과에 의하면 집단 거주지라고 볼 수는 없지만 체류 유형별로 거주 분포가 구분되는 것은 분명하다. 단순 기능 인력 외국인 주민, 결혼 이민자 외국인 주민, 전문 인력 외국인 주민, 기타 외국인 주민 모두 우리나라에서 동일한 외국인 주민이지만 그들의 거주지 분포는 상이하게 나타나고 있고, 그들의 거주지 결정에 영향을 미치는 요인들도 상이하다. 이러한 결과는 체류 유형별로 거주지가 분화된다는 것을 의미할 수 있다. 분석 결과에 의하면, 단순 기능 인력 외국인 주민은 공단 배후지의 주거 지역 비율이 낮고 지가가 낮은 지역에 거주하면서 집단화될 수 있고, 반면 전문 인력 외국인 주민은 도시 중심지의 재정 수준이 높은 지역에 위치하면서 밀집 지역을 형성할 것이다. 이러한 현상은 어느 정도 예상된 것이다. 세계 모든 나라에서 이민자 노동 시장의 특성이 중간 직종이 거의 없고, 전문직과 저숙련직으로 양극화되어 있는데, 한국에서도 동일한 현상이 발견되는 것이다(김승권 외, 2010: 238). 문제는 외국인 주민의 거주지가 특정 지역으로 집중되고 또 분리되는 가운데, 단순 기능 인력 외국인 주민의 거주지가 일반적인 빈곤층 지역으로 집중된다는 데 있다. 이러한 현상은 사회적 배제

(social exclusion)와 사회 공간의 양극화(socio-spatial polarization)를 야기하여 사회 전체의 통합과 사회적 자본의 축적에 부정적 영향을 끼칠 수 있다(김동현 · 임업, 2010). 더욱이 결혼 이민자도 사회적 빈곤층에 머무르게 될 가능성이 높아, 외국인 주민의 이러한 문제에 대한 적절한 대응책을 준비하여야 한다.

현재 국내의 외국인 중 정치적 · 사회적으로 가장 높은 관심을 받고 있는 유형은 결혼 이민자로서 정부 정책도 이들에 집중되어 있다. 외국인 노동자, 투자자, 유학생은 일정 기간이 지나면 본국으로 귀환할 것으로 기대되는데 반하여, 결혼 이민자는 한국인과 결혼을 하고 가정을 이루어 우리 사회의 성원이 될 뿐만 아니라 한국인의 아이를 낳아 주는 역할을 할 것으로 기대되기 때문이다(김혜순, 2011: 178-179). 그러나 단순 기능 인력 외국인 주민 중 일부는 합법이든 불법이든 국내에 계속 머무르려 한다. 따라서 사회 통합 정책을 결혼 이민자에서 단순 기능 인력으로까지 확대하는 방안도 고려하여야 할 것이다.

다음으로 외국인 밀집 지역에 대한 정책적 관리 문제이다. 우리나라의 단순 기능 인력과 전문 인력은 모두 일정 기간이 지나면 본국으로 귀환할 것을 전제하고 있다. 그러나 단순 기능 인력 외국인 주민 중 일부는 국내에 계속 거주하게 되고, 그들이 거주하는 지역에는 외국인이 지속적으로 유입될 것으로 예상된다. 그렇게 되면 특정 지역에 외국인 밀집 지역이 형성되고 확대될 것이다. 단순 기능 인력 외국인 주민은 현재와 같이 제조 · 건설업체가 집중되어 있는 공단 지역을 중심으로 집단적으로 거주할 것으로 예상되고 전문 인력 외국인 주민은 전통적인 외국인 밀집 지역을 중심으로 거주할 것으로 예상된다. 이러한 과정을 통하여 외국인 밀집 지역은 현재보다 더 많아질 것이다. 지방자치단체에서는 현재 이러한 외국인 밀집 지역을 지역의 장소 자원으로 활용하는 등 밀집 지역을 긍정적인 시각으로 접근하려는 시도를 보이고 있다. 이러한 시도에는 외국인 밀집 지역이 일반 사회로부터 고립된 지역에서 벗어나 소통하는 공간으로 활용되도록 하려는 의도가 있을 수 있다. 하지만 외국인 밀집 지역은 기본적으로 내국인이 기피하는 장소가 됨으로써 단절적인 공간이 형성되도록 할 것이다. 이러한 공간의 형성은 사회적 배제나 차별 등과 같은 문제를 야기할 수 있기 때문에 도시 계획적 관점에서 관리 방안을 마련하는 것이 필요하다고 생각된다.

## 제3절 연구의 한계 및 추후 연구 과제

이 연구는 통계적 수치에 근거하여 분석하고 그에 따라 정책적 시사점을 도출하였지만, 박세훈 외(2009: 5)가 지적하였듯이 통계적 수치만으로 거주지 분포에 관하여 이해하는 데에는 많은 한계가 있는 것이 사실이다. 좀 더 구체적이고 타당성 높은 분석을 위해서는 통계 수치를 넘어선 질적 분석이 동반되어야 한다. 추후 이루어질 외국인의 거주지 분포에 대한 연구는 이러한 부분을 감안하여 계량적 분석 방법과 질적 분석 방법을 적절히 혼합하여 실행하는 것이 좀 더 의미있는 연구 결과를 위하여 바람직할 것이다.

그리고 이 연구에서는 전체 체류 유형별 거주지 분포의 차이를 밝히는 것에 머물러 좀 더 의미있는 정책적 시사점을 도출하는 데 한계가 있었다. 각 체류 유형별로 연구 주제를 선정하여 좀 더 심도있는 연구를 수행하는 것이 필요하다.

# [부록] 등록 외국인 유형별 체류 자격 분류표

| | 유학생 | 전문 인력 | 결혼 이민자 | 노동자 | 기타 |
|---|---|---|---|---|---|
| 1995년 | 문화예술, 유학 | 취재, 상사 주재, 기업 투자, 무역경영, 교수, 회화 지도, 연구, 기술 지도, 전문직업, 특정 활동 | – | 산업연수, 관광 취업 | 일반 연수, 종교, 예술흥행, 방문 동거, 거주, 동반, 기타 |
| 1999년 | 문화예술, 유학 | 취재, 상사 주재, 기업 투자, 무역경영, 교수, 회화 지도, 연구, 기술 지도, 전문직업, 특정 직업 | – | 산업연수,[주1] 연수 취업, 관광 취업 | 일반연수, 종교, 예술흥행, 방문 동거, 거주, 동반, 재외동포, 기타 |
| 2003년 | 문화예술, 유학 | 취재, 상사 주재, 기업 투자, 무역 경영, 교수, 회화 지도, 연구, 기술 지도, 전문직업, 특정 직업 | 국민 배우자 | 산업연수,[주2] 연수 취업, 비전문 취업, 취업관리, 관광 취업 | 일반연수, 종교, 예술흥행, 방문 동거, 동포 연장, 동포 변경, 배우자, 거주, 난민, 영주 배우자, 기타 장기, 동반, 영주, 기타 |
| 2007년 | 문화예술, 유학, 전문학사, 학사유학, 석사유학, 박사유학, 연구유학 | 취재, 상사 주재, 기업 투자, 무역 경영, 교수, 회화 지도, 연구, 기술 지도, 전문직업, 특정 직업, 자특활동, 고액 투자, 영주 다목, 영주 라목, 영주 바목 | 국배우자 | 산업연수,[주3] 내항선원, 어선원, 연수 취업, 비취업, 제조업, 건설업, 농축산업, 어업, 냉장냉동, 재료 수집, 음식업, 청소업, 간병가사, 건설업, 자차수리, 제조업, 농축산업, 욕탕업, 재료 수집, 취업관리, 관광 취업, 방취 변경, 연고 방취, 유학 방취, 자진 방취, 연수 방취, 추첨 방취 | 일반연수, 기타 연수, 일연아동, 종교, 예술흥행, 예술연애, 호텔 유흥, 운동, 방문 동거, 동포 연장, 동포 변경, 배우자, 거주, 난민, 영배우자, 기타 장기, 동반, 영주, 영주 아목, 기타 |
| 2010년 | 문화예술, 유학, 전문학사, 학사유학, 석사유학, 박사유학, 연구유학, 교환학생, 한국어연수 | 취재, 외국 기업, 내국 기업, FTA전근, FTA계약, 투자기업, 무역 경영, 구직, 교수, 일반회화 강사, 보조교사, FTA영어, 연구, 기술지도, 전문직업, 특정 활동, FTA독립, 첨단학사, | 국민 배우자 (F-2-1), 국민 배우자 (F-5-2), 국민 배우자 (F-6-1), 자녀 양육 (F-6-2), 혼인 단절 (F-6-3) | 산업연수, 제조업, 건설업, 농축산업, 냉장냉동, 관광호텔, 과거 추천 연수, 과거 연수 취업, 과거 특례 고용, 과거 합법 조치, 내항선원, 어선원, 순항선원, 방문 취업 4년, 관광 취업, 연고 | 미군 현역, 기타 연수, 초중고생, 국어 연수, 종교, 예술연예, 호텔 유흥, 운동, 방문 동거, 가사보조, 외교 동거, 기타 동거, 자녀 양육, 국민 자녀, 영배우자, 난민, 국미성년, 부동산 투자, 기타 |

| | | | | | |
|---|---|---|---|---|---|
| | | 특정 능력, 고액 투자, 첨단박사 | | 방취, 유학 방취, 자진 방취, 연수 방취, 추첨 방취, 변경 방취, 기타 방취 | 장기, 동반, 장기 체류, 특별 공로, 연금 수혜, 국민 자녀, 영주 가족, 재외동포 2년, 동포 국적 요건, 재한화교, 산재보상, 치료요양, 질병사고, 소송 진행, 체임 중재, 난민 신청, 난민 인허, 가족 사망, 임신 출산, 기타, 의료관광 |
| 2011년 | 문화예술, 유학, 전문학사, 학사유학, 석사유학, 박사유학, 연구유학, 교환학생, 한국어연수 | 취재, 외국 기업, 내국기업, FTA전근, FTA 계약, 투자기업, 무역경영, 구직, 교수, 일반회화 강사, 보조교사, FTA 영어, 연구, 기술지도, 전문직업, 특정 활동, FTA독립, 첨단학사, 특정 능력, 고액 투자, 첨단박사 | 국민 배우자 (F-2-1), 국민 배우자 (F-5-2), 국민 배우자 (F-6-1), 자녀 양육 (F-6-2), 혼인 단절 (F-6-3) | 산업연수, 제조업, 건설업, 농축산업, 냉장냉동, 관광호텔, 과거 추천 연수, 과거 연수 취업, 과거 특례 고용, 과거 합법 조치, 내항선원, 어선원, 순항선원, 방문취업 4년, 관광 취업, 연고 방취, 유학 방취, 자진 방취, 연수 방취, 추첨 방취, 변경 방취, 기타 방취 | 미군 현역, 기타 연수, 초중고생, 국어 연수, 종교, 예술연예, 호텔 유흥, 운동, 방문 동거, 가사 보조, 외교 동거, 기타동거, 자녀 양육, 국민 자녀, 영배우사, 난민, 국미성년, 부동산 투자, 기타 장기, 동반, 장기 체류, 특별공로, 연금수혜, 국민 자녀, 영주가족, 재외 동포 2년, 동포국적 요건, 재한화교, 산재보상, 치료 요양, 질병사고, 소송 진행, 체임 중재, 난민 신청, 난민 인허, 가족 사망, 임신 출산, 기타, 의료관광 |

주: 결혼 이민자의 경우 2001년부터 배우자(F-1-3), 2002년부터 국민 배우자(F-2-1)를 별도 항목으로 세분화하여 집계 시작함.

주1): 산업연수(D-3) 항목이 해외 투자, 중기협 추천, 수산협 추천, 각 부처 추천, 건설협 추천, 해운협 추천으로 세분됨.

주2): 산업연수(D-3) 항목이 해외 투자, 중기협 추천, 수산협 추천, 각 부처 추천, 건설협 추천, 농협 추천으로 세분됨.

주3): 산업연수(D-3) 항목이 해외 투자, 중기협 추천, 수산협 추천, 각 부처 추천, 건설협 추천, 농협 추천으로 세분됨.

자료: 박세훈 외(2009: 243). 참고; 법무부 출입국관리법 시행령의 체류 자격별 정의를 바탕으로 유형화

# 참고 문헌

## 국내 문헌


강민조 (2003). 서울시 외국인 거주에 관한 공간 분석. 건국대학교 대학원 석사학위 논문.

김경민 (2012). 외국인 밀집지역의 입지 특성과 주민의식에 관한 연구. 한양대학교 대학원 석사학위 논문.

김동현 · 임업 (2010). 인적자본의 거주지 분리에 관한 탐색적 공간자료 분석. 「지역연구」, 26(2): 41-53.

김민정 (2005). 지역적 특성과 도시기반시설이 사회계층별 주거 입지에 미치는 영향. 서울시립대학교 석사학위 논문.

김민회 외 (2005). 서울시 고급 주택지역의 형성 요인과 분포분석. 「한국주거학회 논문집」, 16(6): 1-7.

김승권 외 (2010). 「2009년 전국 다문화가족실태조사 연구」. 보건복지부 · 법무부 · 여성부 · 한국보건사회연구원.

김용찬 (2006). 국제이주분석과 이주체계 접근법의 적용에 관한 연구. 「국제지역연구」, 10(3): 81-106.

김원숙 (2010). 「우리나라 외국인정책의 역사적 전개에 관한 소고」. 법무부 출입국 · 외국인정책본부.

김창석 (2002). 서울시 상류계층(파워엘리트)의 주거지역 분포 특성과 형성 요인에 관한 연구. 「국토계획」, 37(5): 65-85.

김형준 (1977). 서울시 강남으로의 주거이동에 관한 연구. 서울대 석사학위 논문.

김혜순 (2009). 다문화정책의 주요 쟁점과 입법과제. 「국회도서관보」, 46(10): 2-12.

류주현 (2009a). 수도권 외국인 노동자의 직주거리에 관한 비교 연구. 「한국도시지리학회지」, 12(1): 77-90.

______(2009b). 외국인 통근 특성에 따른 지역 유형별 비교 연구. 「대한지리학회지」, 44(3): 339-354.

______(2012). 결혼이주여성의 거주 분포와 민족적 배경에 관한 소고: 베트남 · 필리핀을 중심으로. 「한국지역지리학회지」, 18(1): 71-85.

박경태 (2004). 한국 사회에서 화교들이 느끼는 차별의 수준. 「한국의 소수자, 실태와 전망」. 한울아카데미.

박기관 (2011). 다문화시대의 여성 결혼이민자 가정에 대한 지방자치단체의 지원 방안: 강원도를 중심으로. 「한국정책연구」, 11(1): 193-218.

박세훈 (2011). 한국 지방자치단체 외국인정책의 비판적 성찰: '다문화 도시정책'의 제언. 「공간과 사회」, 21(2): 5-34.

박세훈 · 김은란 · 정윤희 · 정소양 (2010). 「다문화사회에 대응하는 도시정책 연구(Ⅱ): 지역중심형 외국인 정책 추진 방안」. 국토연구원.

박세훈 · 이영아 · 김은란 · 정소양 (2009). 「다문화사회에 대응하는 도시정책 연구(Ⅰ): 외국인 밀집지역의 현황과 정책과제」. 국토연구원.

박윤환 (2010). 수도권 지역 외국인들의 거주지 분리에 대한 연구. 「행정논총」, 48(4): 429-453.

______(2011). 빈곤층과 외국인 주민 거주지분리에 대한 연구: 서울시 사례연구. 「서울도시연구」, 12(4): 103-122.

박진경 (2010). 한국의 다문화주의와 다문화정책의 선택적 적용. 「한국정책학회보」, 19(3): 259-288.

서울특별시사 편찬위원회 (1981). 「서울육백년사」. 서울특별시.

석현호 (2000). 국제이주이론: 기존 이론의 평가와 행위체계론적 접근의 제안. 「한국인구학」, 23(2): 5-37.

설동훈 (1999). 「외국인 노동자와 한국사회」. 서울대학교출판부.

______(2000). 「노동력의 국제이동」. 서울대학교출판부.

설동훈 · 윤홍식 (2008). 여성 결혼이민자의 사회경제적 적응과 복지정책의 과제: 출신국가와 거주지역에 따른 상이성을 중심으로. 「사회보장연구」, 24(2): 109-133.

손승호 (2008). 서울시 외국인 이주자의 분포 변화와 주거지 분화. 「한국도시지리학회지」, 11(1): 19-30.

송기욱 · 김창석 · 남진 (2010). 파워엘리트의 거주지 분포에 영향을 미치는 지역 특성 요인에 관한 실증분석. 「대한국토 · 도시계획학회지」, 45(2): 35-49.

송명규 (1992). 지방공공재가 소득계층별 주거지 분화에 미치는 영향에 관한 연구. 서울대 박사학위 논문.

송주연 · 이혜경 (2009). 전문직 이주자의 현황 및 적응 실태. 「한국지역지리학회 2009년 발표논문집」, 103-111.

신상영 (2010). 1인가구 주거지의 공간적 분포에 관한 연구: 서울시를 사례로. 「국토계획」, 45(4): 81-95.

신인철 (2007). 외국인의 국적별 거주지 분리(residential segregation): 경기도 및 부천시 사례를 중심으로. 「한국인구학회 2007년도 후기학술대회 발표자료집」, 37-60.

양필승 · 이정희 (2004). 「차이나타운 없는 나라」. 삼성경제연구소.

염춘경 (1996). 가구주의 사회 · 경제계층별 거주지분화: 부산시를 중심으로. 부산대 석사학위 논문.

왕은미 (2004). 미군정기의 한국 화교사회: 미군정. 중화민국정부. 한국인과의 관계를 중심으로. 「현대중국연구」, 7(1): 87-128.

유길상 (2005). 해외투자기업 연수생제도의 실태와 개선 방안. 「노동정책연구」, 5(3): 63-95.

유영철 (2011). 재한 외국인 정책담당기관의 지방분권에 관한 연구: 외국인 정책 관련 법령 조정과 중앙정부 소속기관의 통합분권을 중심으로. 「한국사회와 행정연구」, 22(1): 111-140.

유의정 · 조규범 · 조주은 (2010). 「다문화정책의 추진 실태와 개선 방향」. 국회 입법조사처.

윤인진 (1998). 서울시의 사회계층별 거주지 분화 형태와 사회적 함의. 「서울학연구」, 10: 229-270.

이규용 (2011). 외국인 인력정책. 정기선 편. 「한국 이민정책의 이해」.

이귀남 (1994). 근린환경에 대한 인지와 만족 및 거주이동 성향에 관한 연구: 서울시의 주거용도지역을 중심으로. 경희대 석사학위 논문.

이민관 · 이주형 (2010). 중소도시의 지역 특성이 인구이동에 미치는 영향. 「한국지방자치연구」, 12(3): 139-168.

이봉섭 (2002). 「도시론」. 도시문제연구소.

이정석 (1985). 서울시민의 주거입지 행태에 관한 연구. 서울대 석사학위 논문.

이진영 (2011). 수도권에서의 외국인 거주지 분포에 관한 실증분석. 서울시립대학교 석사학위 논문.
이진영 · 남진 (2012). 수도권에서 외국인 거주지 분포의 특성과 영향 요인에 관한 연구. 「국토계획」, 47(1): 85-100.
이혜경 (1997). 아시아 태평양 지역의 외국인 노동자 고용에 관한 연구. 「한국사회학」, 31(3): 497-527.
______ (2011). 한국 이민정책사. 정기선 편. 「한국 이민정책의 이해」: 19-49. 백산서당.
임석희 · 송주연 (2010). 우리나라의 외국인 전문직 이주자 현황과 지리적 분포 특성. 「한국지역지리학회지」, 16(3): 275-294.
임영진 (2001). 가구 특성에 따른 주거 입지 요인 및 주택 선호 유형: 다변량 판별분석과 로지스틱 회귀분석을 통한 실증분석. 한양대 석사학위 논문.
장석준 (2011). 지방자치단체 다문화가족지원센터의 제도화에 관한 실증연구. 「한국사회와 행정연구」, 22(2): 175-200.
전형권 (2008). 국제이주에 대한 이론적 재검토: 디아스포라 현상의 통합모형 접근. 「한국동북아논총」, 49: 259-284.
______ (2012). 초국가 이주와 국민국가: 한국의 국제결혼 이주여성 정책을 중심으로. 「한국동북아논총」, (63): 283-310.
정수열 (2008). 인종 · 민족별 거주지 분화 이론에 대한 고찰과 평가: 미국 시카고 아시아인을 사례로. 「대한지리학회지」, 43(4): 511-525.
정연주 (2001). 외국인 노동자 취업의 공간적 전개 과정: 경인지역을 사례로. 「한국도시지리학회지」, 4(1): 27-42.
조석주 (2007). 다문화 공생을 위한 지방자치단체의 기능 강화 방안: 외국인근로자 및 결혼이민자 사례를 중심으로. 「지방행정연구」, 21(3): 3-46.
주윤식 (1974). 주거 입지 결정 요인에 관한 연구: 서울시의 지가와 통근거리를 중심으로. 서울대 석사학위 논문.
최열 · 이성호 (2000). 대도시 생활권 선택과 공공시설 및 근린환경과의 분석. 「국토계획」, 35(5): 39-50.
최열 · 임하경 (2005). Poisson Regression을 이용한 주거 정주의 결정요인 분석. 「국토연구」, 46: 99-114.
최웅선 · 이용모 · 주운현 (2012). 중앙정부의 다문화정책 조정에 관한 연구: 한국과 독일의 다문화정책 비교를 중심으로. 「한독사회과학논총」, 22(1):

33-68.
최재헌·강민조(2003). 외국인 거주지 분석을 통한 서울시 국제적 부문의 형성. 「한국도시지리학회지」, 6(1): 17-30.
최정석(1990). 서울시민의 사회경제적 특성에 따른 주거 입지 행태에 관한 연구. 서울대 석사학위 논문.
하준수(1988). 주거 입지 선택에 있어 교육환경이 미치는 영향에 관한 연구: 서울시 학구·학군을 중심으로. 성균관대 석사학위 논문.
한승준(2009). 지자체 다문화정책 추진체계 구축 방안에 관한 연구. 「한국사회와 행정연구」, 20(2): 269-291.
황희연·백기연·변병설(2002). 「도시생태학과 도시공간구조」. 보성각.

법무부(2008). 「2007년도 출입국·외국인정책통계연보」.
통계청. 국가통계포털(KOSIS).
행정안전부. 2012년 지방자치단체 외국인주민 현황 조사 결과.
행정안전부. 「2011 지방자치단체 예산개요」.

## 국외 문헌

Alonso, William(1964). The Historic and the Structural Theories of Urban Form: Their Implications for Urban Renewal. *Land Economics*, 46(2): 227-231
Bailey, Adrian J. (2001). Turning Transnational: Notes on the Theorisation of International Migration. *International Journal of Population Geography*, 7(6): 413-428.
Borjas, George J. (1989). Economic Theory and International Migration. *International Migration Review*, 23(3): 457-486.
Burgess, Ernest W. (1925). The Growth of the City : An Introduction to a Research Project. In Park, Robert E. & Ernest W. Burgess(eds.). *The City*. Chicago: The University of Chicago Press.
Castles, Stephen, & Godula Kosack (1972). The Function of Labour Immigration in Western European Capitalism. *New Left Review*,

73(3): 3-21.

Castles, Stephen & Mark J. Miller (1993). *The Age of Migration: International Population Movements in the Modern World*. New York: Guilford Press.

Downs, Anthony (1981). *Neighborhoods and Urban Development*. The Brookings Institution: Washington, D.C.

Dunn, Kevin M. (1998). Rethinking Ethnic Concentration: The Case of Cabramatta, Sydney. *Urban Studies*, 35(3): 503-527.

Evans, A. W. (1973). *The Economics of Residential Location*. New York: St. Martin's.

Faist, Thomas (2000). *The Volume and Dynamics of International Migration and Transnational Social Spaces*. Oxford University Press.

Harvey, David (2009). *Social Justice and the City*. University of Georgia Press.

Hoyt, Homer (1939). *The structure and growth of residential neighborhoods in American cities*. Washington D.C.: Federal Housing Administration.

Harris, John R. & Michael P. Todaro (1970). Migration, Unemployment and Development: A Two-Sector Analysis. *American Economic Review*, 60(1): 126-142.

Lewis, William Arthur (1954). Economic development with unlimited supplies of labor. *The Manchester School of Economic and Social Studies*, 22(2): 139-191.

Logan, J. R., R. D. Alba, & W. Q. Zhang (2002). Immigrant enclaves and ethnic communities in New York and Los Angeles. *American Sociological Review*, 67(2): 299-322.

Marcuse, Peter (2005). Enclaves Yes, Ghettos No: Segregation and the State. In David P. Varady(eds.). *Desegregating the City*, State University of New York Press.

Massey, Douglas S. et al. (1993). Theories of international migration: A review and appraisal. *Population and Development Review*, 19(3):

431-466.

_____ (1994). An Evaluation of International Migration Theory: The North American Case. *Population and Development Review*, 20(4): 699-751.

_____ (1999). *Worlds in Motion: Understanding International Migration at the End of the Millennium*. Oxford: Clarendon Press.

Muth, Richard F. (1969). *Cities and Housing*. Chicago: The University of Chicago Press.

OECD (2009). *The Future of International Migration to OECD Countries*.

Pahl, Raymond E. (1975). *Whose city?: And further essays on urban society*. Penguin.

Park, Robert E. (1915). The City: Suggestions for the Investigation of Human Behavior in the City Environment. *American Journal of Sociology*, 20(5): 577-612.

Peach, Ceri (1996). Does Britain Have Ghettos?. *Transactions of the Institute of British Geographers*, 21(1): 216-235.

Portes, Alejandro & John Walton (1981). *Labor, Class, and the International System*. New York: Academic Press.

Stalker, Peter (2001). *The No-Nonsense Guide to International Migration*. 김보영 옮김, 「국제이주」, 이소출판사, 2004.

Todaro, Michael P. (1969). A Model of Labor Migration and Urban Unemployment in Less Developed Countries. *American Economic Review*, 59(1): 138-148.

# 찾아보기

## 저자 소개

**최웅선(崔雄先)**

- 건국대학교 행정문제연구소 전임연구원(현재)
- 건국대학교(행정학 학사 · 석사)
- 건국대학교(행정학 박사 수료)

[주요 연구]
중앙정부의 다문화정책 조정에 관한 연구: 한국과 독일의 다문화정책 비교를 중심으로, 공공부문의 재정지출 증가요인에 관한 연구: Baumol의 불균형 성장모형을 중심으로, 시범평가에 의한 재정 성과평가 체계의 구축: 건설교통부 재정사업 분석 등.

[주요 경력]
한국교통연구원 연구원 역임.

**이진만(李鎭晩)**

- 건국대학교 행정문제연구소 전임연구원(현재)
- 건국대학교(행정학 학사 · 석사)
- 건국대학교(행정학 박사 수료)

[주요 연구]
경기도 외국인정책에 관한 네트워크 분석, 중앙-지방 간 인사교류에 관한 네트워크 분석, KINGDON의 정책의 창 모형을 적용한 한국콘텐츠진흥원 설립과정, 한국정부 자기주도학습제도의 성과진단 및 발전 방안 연구 등.

[주요 경력]
건국대학교 도시행정연구소 연구원 역임.

## 김준모(金峻模)

- 건국대학교 행정학과 교수(현재)
- 고려대학교(행정학 학사 · 석사)
- 미국 MIT대학교(정치학 석사)
- 미국 텍사스주립대학교(정책학 박사)

[주요 연구]

Economic development, the evolution of foreign labor and immigration policy, and the shift to multiculturalism in South Korea, Marriage Immigration and Gender in South Korea: Accounting for Gender Disparities in International Marriages, Manufacturing or Service?: Market Saturation and Cycles of Over-Investment as a Clue to Future of Service Economies, Are We Transiting from an Industrial Policy to a Technology Policy Era? : A Theoretical and Empirical Analysis(이상 논문), *R&D and Economy in Korea: With multinational Cases and Theories*, *Globulization and Industrial Development*(이상 저서) 등.

[주요 경력]

한국행정연구원 부연구위원, 과학기술정책연구원 부연구위원, 기상청 자문위원, 국방부 자체평가위원 등 역임.

# 다문화 사회에서 외국인 주민은 어디에서 사나?

펴낸날 / 제1판 제1쇄 2013년 6월 1일
지은이 / 최웅선 · 이진만 · 김준모
펴낸이 / 임춘환
펴낸곳 / 도서출판 대영문화사
주소 / 서울 용산구 청파동 1가 178-2 ㊗ 140-869
등록 / 1975년 12월 26일 제3-16호
전화 / (02)716-3883, (02)714-3062
FAX / (02)703-3839
홈페이지 / http://www.dymbook.co.kr



ISBN 978-89-7644-449-3
ISBN 978-89-7644-447-9(세트)

〔값 12,000원〕